500 Euro

Nebenverdienst monatlich

mit wenig Aufwand auch für Anfänger ohne Risiko

In 5 einfachen Schritten zum attraktiven Nebenverdienst

Urheberrecht © Timo Greven 2024

Alle Rechte vorbehalten

ISBN: 979-8-4121679-6-1

Kein Teil dieser Veröffentlichung darf ohne vorherige schriftliche Genehmigung des Autors in irgendeiner Form oder auf irgendeine Weise reproduziert, verteilt oder übertragen werden, einschließlich Fotokopien, Aufzeichnungen oder anderer elektronischer oder mechanischer Methoden, außer im Falle kurzer Zitate, die in kritischen Rezensionen und bestimmten anderen nicht kommerziellen Verwendungen, die durch das Urheberrecht gestattet sind, enthalten sind.

Für Genehmigungsanfragen wenden Sie sich bitte an den Autor.

Neu Millionäre unerwünscht

Willst Du Millionär werden? Dann bis Du hier falsch. Sorry wenn ich so deutlich bin. Dieser Ratgeber hier hat nichts mit den üblichen „Ich werde reich in 90 Tagen" Versprechen zu tun. Das ist alles Schwachsinn, funktioniert nur auf dem Papier und lässt eine Menge frustrierter Leute zurück. Nach meiner beruflichen Erfahrung und nach meiner Lebenserfahrung gibt es nur drei Möglichkeiten, Millionär zu werden:

Man erbt Millionen, man gewinnt im Lotto, oder, der wahrscheinlich häufigste Weg: harte Arbeit, viel Geschick, Ausdauer, ein gutes Konzept und jede Menge Geduld. Das ist die Realität.

Darüber hinaus sollte man sich ernsthaft die Frage stellen, ob man das überhaupt will. Alles hat seinen Preis. Bin ich bereit, diesen Preis zu zahlen? Wie auch immer, das ist ein anderes Thema für ein anderes Buch. Hier geht es „nur" oder immerhin um einen Weg, wie man relativ einfach, mit überschaubarem Aufwand ein paar hundert Euro im Monat dazu verdient.

Diese Anleitung ist keine Theorie, ich selbst verdiene auf diese Weise jeden Monat ein paar hundert Euro nebenbei. Und auch, wenn das wenig spektakulär klingen mag, diese paar hundert Euro machen für mich den entscheidenden Unterschied. Mir ging es nie darum, eine Yacht zu besitzen, eine Villa zu unterhalten, oder einen Fuhrpark mein Eigen zu nennen.

Ich lebe ganz normal und habe die gleichen Probleme wie alle, manchmal reicht das Geld einfach nicht für alles. Seit ich diese Methode nutze, ist das allerdings deutlich besser geworden.

Wie funktioniert das? Nun, ich bin seit sehr vielen Jahren selbständig, einer dieser sog. Solo-Selbständigen. Ich will jetzt gar nicht über die vielen Herausforderungen sprechen, aber ich biete Dienstleistungen im sog. B-to-B Bereich an und habe mir vor Corona einige Stammkunden aufgebaut, die durch mehr oder weniger regelmäßige Bestellungen über meinen Onlineshop ergänzt werden.

Das hat bislang immerhin ausgereicht, um meine Kosten zu decken, für Miete, Lebensunterhalt, Auto, Versicherungen etc. Allerdings hat es oftmals nicht für mehr gereicht, also mal Essen gehen, mal ins Theater, in Urlaub fahren etc.

Genau das hat sich nun spürbar geändert, seit ich diese Methode nutze. Und der Unterschied im Lebensgefühl und in der Lebensqualität ist gewaltig. Jetzt gelingt es mir, das Leben auch spürbar zu genießen, ich habe das Gefühl, dass mein Leben schön ist, dass es lebenswert ist, dass es nicht nur aus Überlebenskampf  besteht, das ist der kleine aber gewaltige Unterschied.

Ich habe für diese Anleitung die Anrede „Du" gewählt, ich hoffe, das geht für Dich in Ordnung. Übrigens, ich bin der Timo. Bist Du bereit? Dann lass uns loslegen.

Ich wünsche viel Freude beim Lesen
und viele wertvolle Einsichten

Timo

Inhaltsverzeichnis

Weil es diesen Ratgeber in verschiedenen, auch elektronischen Formaten gibt, haben wir auf die Angaben von Seitenzahlen im Inhaltsverzeichnis verzichtet. Hier eine Übersicht, der verschiedenen Kapitel. Als PDF-Datei im üblichen A4 Seitenformat hat diese Anleitung einen Umfang von 55 Seiten geballter und sehr nützlicher Informationen.

Kapitel 1 1
    Sofort starten – ohne langen Aufbau 1

Kapitel 2 4
    Empfehlungsmarketing 4

Kapitel 3 7
    Affiliate Marketing – was ist das? 7

Kapitel 4 12
    Plattformen für Affiliate Marketing 12

Kapitel 5 18
    Wie finde ich die Interessenten? 18

Kapitel 6 23
    Mailing Plattformen im Test 23

Kapitel 7 33
    Affiliate Links 33

Kapitel 8 38
    Wie finde ich das richtige Produkt? 38

Kapitel 9 49

Erstes Mailing..49

Kapitel 10 ....**53**

Ausbauen, Verbessern, Skalieren.................................53

Kapitel 11..**63**

Zusätzliche Marketing Möglichkeiten.........................63

Kapitel 12 ....**78**

Lifetime Provisionen – die Königsdisziplin.................78

Schlusswort..**83**

Das Wichtigste zum Schluss 83

Kapitel 1

Sofort starten – ohne langen Aufbau

Nach meiner eigenen Erfahrung und nach vielen Erfahrungsberichten anderer, die im Internet versuchen, Geld zu verdienen, ist das Hauptproblem der Anfang. Deutlich über 90 Prozent geben auf, bevor Sie richtig angefangen haben, Geld zu Verdienen. Bei mir war das auch so. Zweimal. Und jedes Mal habe ich gedacht: Das gibt es doch nicht, warum bekommen andere das hin und Du nicht? Und dann habe ich einen erneuten Anlauf genommen. Und jetzt, beim dritten Mal hat es endlich geklappt.

Deshalb weiß ich, dass es wirklich viele und gute Möglichkeiten gibt, im Internet Geld zu verdienen. Und ja, es gibt die realistische Möglichkeit, 10.000 oder vielleicht sogar 15.000 Euro im Monat zu verdienen, auch für Dich und mich. Aber nicht jetzt, nicht am Anfang. Das ist der Hauptfehler, den die meisten machen, sie wollen am Anfang zu viel und zu schnell und sind dann entmutigt, wenn das nicht sofort klappt.

Deshalb ist nach meiner Erfahrung wichtig, dass man SOFORT starten kann, ohne viel Aufwand, ohne erstmal 47 Video-Lektionen durchzuarbeiten, die 197 Euro kosten, und Dich keinen Schritt voranbringen, aber etwas ärmer machen. Deshalb schildere ich Dir hier eine Methode, bei der Du nichts mitbringen musst, außer der Bereitschaft, sich mit etwas Neuem zu beschäftigen und ein bisschen Zeit. Am

Anfang genügen dazu schon 2-3 Stunden, dann kannst Du sofort starten.

Übrigens, an der einen oder anderen Stelle gebe ich Dir auch Empfehlungen von Angeboten oder Produkten einiger professioneller Anbieter, die ich genutzt habe, und die Die einiges an Zeit ersparen können. Das sind aber nur gut gemeinte Hinweise, die benötigst Du nicht für den Aufbau, aber sie können Dir helfen, es leichter zu machen. Du kannst und musst selbst entscheiden, ob Du diese Hilfen in Anspruch nehmen möchtest. Manche sind kostenlos, einige kosten ein paar Euro, es ist Deine Entscheidung.

Ich habe das normalerweise in eine extra Rubrik „gepackt", in der Regel am Ende eines Kapitels mit der Bezeichnung: „Empfohlene Produkte".

Wichtig waren mir vor allem 2 Punkte: Du kannst SOFORT starten, innerhalb weniger Minuten, und wenn Du dich ein wenig eingearbeitet hast, kannst Du schon nach wenigen Tagen Deine ersten Einnahmen erzielen.

Das zweite war, dass Du kein Startkapital benötigst, Du kannst ohne weitere Investitionen beginnen. Das hat mich immer genervt, da kaufst Du einen Kurs für 97 Euro und während der Umsetzung merkst Du, jetzt brauche ich noch Software und Dienstleistungen für nochmal über 200 Euro. Toll" Das soll hier nicht so sein. Wenn Du diese Anleitung durcharbeitest und umsetzt, kannst Du, ohne weitere Investitionen sofort beginnen.

Wenn Du dann die ersten Einnahmen erzielst, ist es etwas ganz anderes, evtl. weitere Investitionen in Betracht zu ziehen, wenn man weiß, dass diese dem Geschäft noch weiter auf die Sprünge helfen. Das hat mit etwas zu tun, was nach meiner Beobachtung oftmals unterschätzt wird, hier geht es um die Motivation. Du kannst es Dir kaum vorstellen, welche Freude und Begeisterung die ersten 50 Euro auslösen. Das ist zwar kein hoher Betrag, aber es sind DEINE ersten Einnahmen. Und es beweis, es Funktioniert, DU kannst es.

Gut, dann lass uns über zwei Begriffe reden, die Du kennen und verstehen musst, um die Methode richtig anzuwenden. Wichtig! DU benötigst KEINE Vorkenntnisse, Du brauchst KEIN eigenes Produkt, und es ist KEINE eigene E-Mail Liste nötig. Das ist essentiell wichtig, denn sonst wäre ein SOFORT START definitiv ausgeschlossen.

Kapitel 2

Empfehlungsmarketing

Der Oberbegriff, über den wir hier reden, ist Empfehlungsmarketing.

Es gibt etliche, verschiedene Methoden, wie man Empfehlungsmarketing anwenden kann, wir konzentrieren uns hier lediglich auf eine Methode, die im Internet besonders ausgeprägt ist, und besonders einfach funktioniert.

Was versteht man unter Empfehlungsmarketing?

Über dieses Thema sind unzählige Bücher geschrieben worden, dabei ist es eigentlich ein alter Hut. Im Name steckt im Grund bereits fast alles, was man wissen muss. Der Ursprung bestand darin, dass zufriedene Kunden das Produkt oder die Dienstleistung weiterempfehlen.

Da diese Art Empfehlungen schon immer eine besondere Kraft hatten, wurde daraus im Laufe der Zeit eine Strategie. Wie alle Strategien gibt es auch hier viele Auswüchse. Vor allem Versicherungen haben diese Form des Marketings sehr erfolgreich genutzt, bis sie es übertrieben haben, und das Empfehlungsmarketing mehr und mehr in Verruf kam.

Vielleicht erinnern sich manche noch an die „Hamburg-Mannheimer" Zeiten, diese Versicherung war sehr bekannt dafür, sich bei jedem Gespräch mindestens 5 Empfehlungen geben zu lassen. Das war eine der wichtigsten Übungen, die man als „Vertriebspartner" lernen musste. Natürlich haben die eigentlich guten und authentischen Empfehlungen auf diese Art ihre Kraft verloren und eine Zeitlang hörte man nur noch wenig vom Empfehlungsmarketing, und wenn dann meist in eher negativem Zusammenhang.

Mit Aufkommen des Internet bekam das Empfehlungsmarketing dann wieder neues Leben, allerdings in veränderter Form. Heute kennt es jeder, und den meisten Anbietern ist klar, wie wichtig positive Empfehlungen sind – im Internet heißt das meist positive Bewertung, was ja nichts Anderes ist, als eine positive Empfehlung.

Amazon nutzt das bis ins extreme und der Erfolg gibt Amazon recht, heute sind positive Empfehlungen oder positive Bewertungen einer der wichtigsten Kaufgründe oder Kaufanreize für Produkte oder Dienstleistungen, das gilt ganz besonders für neue Produkte oder bislang noch weniger bekannte Anbieter.

Soweit so sinnvoll, doch wie kann man nun diese Marketing Strategie nutzen, um damit Geld zu verdienen? Nun clevere Marketing Strategen haben etwas wirklich Geniales gemacht, sie haben den Empfehlungsprozess vom Kaufprozess getrennt, und daraus wurde dann das sog. Affiliate Marketing. Was ist das? Dazu im nächsten Kapitel mehr.

Übrigens nutzen clevere Unternehmen heute auch wieder die klassische Form des Empfehlungs-Marketings und haben dadurch ein etabliertes und nach wie vor gut funktionierendes System zur Neukundengewinnung.

Regelmäßig neue Kunden zu gewinnen ist auch in Zeiten des Internet nach wie vor einer

der wichtigsten Erfolgsfaktoren, um das langfristige Überleben zu sichern.

Das ist vielleicht schon ein vorweg genommener Tipp, denn am Ende dieser Anleitung geht es ja auch um die Frage, wie man sein Geschäft ausbauen, ausweiten und skalieren kann. Dann kommt wieder das Empfehlungs-Marketing ins Spiel, wenn Sie nämlich selbst als Unternehmer auftreten, macht es einen großen Unterschied, ob Sie bereits von Beginn an konsequent nicht nur auf Kundenzufriedenheit achten, sondern auch darauf, dies als Strategie im gesamten Unternehmen zu implementieren und dies nach außen zu dokumentiere.

Übrigens, genau diese Strategie hat ein Unternehmen konsequenter als alle anderen genutzt, und es geschafft, innerhalb von 25 Jahren nicht nur auf den meisten Märkten dieser Welt Marktführer zu werden, sondern einen Jahresumsatz zu erwirtschaften, der das Bruttoinlandsprodukt vieler Staaten in den Schatten stellt. Das Unternehmen ist Amazon, der Umsatz liegt bereits bei über 400 Milliarden Dollar.

Wie weit willst Du wachsen?

Kapitel 3

Affiliate Marketing – was ist das?

Dieser Begriff hat sich in den letzten Jahren so sehr etabliert, dass viele ihn nutzen, ohne eigentlich dessen Bedeutung genau zu kennen. Ein Affiliate wird auch als sog. Publisher oder auch Partner bezeichnet. Wie so vieles im Onlinemarketing kommt der Begriff aus dem englischen Sprachraum und bedeutet übersetzt eigentlich Partner. Die Begrifflichkeit ist allerdings inzwischen so gebräuchlich, dass der Begriff auch im deutschen Sprachgebrauch heimisch geworden ist.

Warum Partner? Weil, wie schon im vorigen Kapitel angedeutet, der Prozess des Empfehlungsmarketings auf zwei Parteien verteilt wurde, der Verkäufer (Merchant) und der Empfehler (Publisher). Der Empfehler heißt auch Partner (Partner des Verkäufers) und folgerichtig heißt das System, dass ein Verkäufer seinem Empfehlungspartner zur Verfügung stellt dann auch Partnerprogramm.

Was heißt das nun konkret? Eigentlich ist es sehr einfach. Du empfiehlst jemandem ein Produkt oder eine Dienstleistung, wenn daraus ein Kauf entsteht erhältst Du eine Provision. So einfach so klar. Es ist ein bisschen wie früher, als clevere Versicherungsvertreter ihre Kunden durch Prämien zu Empfehlungen motiviert haben, also „Wenn jemand, den Du empfohlen hast, bei mir eine Versicherung abschließt erhältst Du….". Und je nach Versicherung war das richtig verlockend, es gab eine Zeit, da wurde zum Beispiel beim

Abschluss einer Krankenversicherung sogar mit Urlaubsreisen geworben.

Also, das Prinzip ist klar….

Und jetzt kommt das Internet ins Spiel. Durch die Marketing Möglichkeiten, die technischen Voraussetzungen, die Automatisierungsangebote und die Reichweite wird aus diesem Prinzip plötzlich ein richtiges Business. Und wenn ich das sage, spreche ich von einem 10-Milliarden Markt. Der Bundesverband für digitale Wirtschaft schätzt, dass im Jahr 2019 mehr als 10 Milliarden Euro mit Affiliate Marketing umgesetzt wurden. Und ganz sicher hat sich diese Zahl inzwischen noch einmal deutlich erhöht.

Ist dieser Markt ausreichend? Logisch. Es gibt inzwischen eine ganze Reihe von Marketern, die dadurch reich geworden sind, manche sogar sehr reich. Zur Erinnerung: Das ist nicht das Ziel dieses Ratgebers, ich erwähne das nur, um evtl. Zweifel auszuräumen, ob der Markt dafür ausreicht, auf Dauer mehrere hundert Euro im Monat zu erzielen. Ich denke angesichts des Gesamtvolumens hat sich diese Frage erledigt.

Gut werden wir konkret.

In der Praxis heißt das: Du suchst ein Produkt oder eine Dienstleistung und empfiehlst diese an andere. Dann erfolgen Käufe und die Provisionen treffen auf Deinem Konto im Minutentakt ein. Soweit die schöne Vorstellung. Doch halt, da gibt es doch noch ein paar Fragen:

Wie finde ich Produkte die ich empfehlen kann?
An wen soll ich sie empfehlen?
Welche Marketingmaßnahmen sind dafür geeignet?
Wie kann ich sicherstellen, dass ein Verkauf auch mit zugerechnet wird?
Von wem bekomme ich meine Provision?
Wie hoch ist die Provision?
Wann bekomme ich mein Geld?
Welches Risiko oder welche Risiken habe ich?

Habe ich noch eine Frage vergessen?
Ich verspreche Dir, alle hier angesprochenen Fragen zu beantworten, und wir beginnen jetzt gleich, im nächsten Kapitel. Hier geht es um spezialisierte Plattformen im Affiliate Marketing, die Dir viele technische Aufgaben abnehmen.

Davor will ich aber noch die Frage nach dem Risiko beantworten.

Das ist vielleicht einer der wichtigsten Gründe, gerade für Anfänger, zuerst mit Affiliate Marketing zu beginnen, weil es meines Wissens keine andere Möglichkeit gibt, Geld im Internet zu verdienen, mit so geringem Risiko.

Das liegt vor allem daran, weil Du ja nicht der Verkäufer des jeweiligen Produktes oder der jeweiligen Dienstleistung bist. Als Produktgeber, sei es ein digitales oder ein physisches Produkt, hast Du viele Pflichten und Voraussetzungen zu erfüllen. Du haftest für das Produkt, Du gibst Gewährleistung, Du musst Support bieten, in der Regel

musst Du auch Rückgaben und Umtausch managen, und bei allem droht immer, dass irgendein findiger Anwalt Dir eine Abmahnung schickt, weil Du irgendeine Angabe zum Produkt, auf der Webseite, im Impressum etc. vergessen hast.
Alle diese Risiken entfallen. In der Regel trittst Du gar nicht öffentlich in Erscheinung als Affiliate, sondern nur der Verkäufer oder Merchant kennt Deine Identität. Inwieweit Du dies bei Deinen Empfehlungen öffentlich machen möchtest ist Dir vorbehalten. Dadurch entfallen wohl gut drei Viertel der Haupt Risiken, das ist schon eine Menge Ballast, die Dir abgenommen wird.

Weitere Hindernisse sind oftmals technischer Natur, und hier kommen nun die Affiliate Plattformen ins Spiel. Vorher noch eine Produktempfehlung, brauchst Du nicht unbedingt, geht aber richtig ab….

[Empfohlene Produkte zum Thema Affiliate Marketing:](#)

Von Null auf 976.478 Euro. OK, das klingt irgendwie nicht seriös, der Kurs ist es allerdings schon, entgegen aller Erwartung. Und nicht nur das, der Kurs ist mit das umfangreichste und gleichzeitig hilfreichste, was ich seit langem gesehen habe. Wenn Du gerade erst deine ersten Schritte machst, brauchst Du den Kurs nicht wirklich. Aber helfen kann er ungemein. Also wenn Du nicht aufs Geld schauen musst, dann hole ihn Dir:

http://bit.ly/2YhE5an1
Das Affiliate Kickstart System

Wenn Du nicht mehr Zeit als Geld hast, dann ist dieser Kurs der Richtige. Alles, wofür Du als Anfänger unendlich viel Zeit brauchst, wird Dir hier abgenommen. Wie der Name sagt: Due legst sofort los. Ich habe den Kurs gekauft, mir an den nächsten beiden Tagen ein paar Minuten angeschaut und am dritten Tag losgelegt. Neben der Zeitersparnis gibt es für mich dabei noch etwas viel Wichtigeres: Gerade am Anfang hat man viele negative Erlebnisse und Rückschläge. Das führt bei mehr als 97 Prozent aller Anfänger dazu, dass diese schon nach kurzer Zeit aufgeben. Hast Du aber schnell Erfolg, auch wenn es noch kein riesiges Einkommen sein mag, dann bleibt man dran, man macht weiter und der Erfolg vergrößert sich.

http://bit.ly/2J0JKLI

Kapitel 4

Plattformen für Affiliate Marketing

Dieser Ratgeber soll ja insbesondere auch für Anfänger geeignet sein. Deshalb ist dieses Kapitel so wichtig. Besonders als Anfänger ist es von hohem Nutzen, wenn einem alles was Schwierigkeiten machen könnte, entweder abgenommen wird, oder leichter gemacht wird. Deshalb glaube ich, dass man als Anfänger unbedingt eine der bekannten Plattformen nutzen sollte, einfach, weil dort fast alle Prozesse erprobt sind, und soweit als möglich optimiert und automatisiert sind.

Der Vollständigkeit halber muss ich hier noch kurz die Affiliate Netzwerke erklären. Ein Affiliate Netzwerk hat, vereinfacht ausgedrückt, eigentlich nur die Aufgabe Anbieter und Affiliates zusammen zu bringen. Das ist also im Grunde so etwas wie ein Marktplatz, wobei die meisten Affiliate Netzwerke schon etwas mehr tun, wie z.B. eine gewisse Vorauswahl zu treffen und vieles mehr. Früher gab es zwei ziemlich große Netzwerke, das waren zanox und affili.net, die sind jetzt zu einem riesigen Netzwerk, nämlich awin verschmolzen.

Es gibt noch eine Vielzahl weiterer Netzwerke, ich gehe hier nicht näher darauf ein, weil das für Anfänger eher weniger geeignet ist. Ich empfehle Dir eher Plattformen, die noch weitere Services anbieten, wie zum Beispiel die Zahlungsabwicklung, das Tracking, und für Affiliates besonders wichtig, die Auszahlung der verdienten Provisionen. etc. Meine bevorzugte Plattform ist:

Ebenfalls empfehlenswert sind

CLICKBANK.

Relativ neu und noch eher unbekannt, aber dennoch durchaus einen Blick wert, ist Copecart.

Und auch wenn es eher ein „normales" Affiliate Netzwerk ist, würde ich auch Adcell empfehlen, allerdings erst, wenn man mit den o.g. Plattformen bereits eine gewisse Erfahrung hat, und weiß, wie „der Hase läuft".

Adcell hat für Affiliates den Vorteil, dass es hier unfassbar viele Partnerprogramme gibt, die sehr breit ausgerichtet sind. Was meine ich damit? Bei Digistore24 liegt der Fokus auf digitalen Angeboten, meist Kurse, Webseiten, E-Books, Seminare etc., die meisten  davon mit dem Thema „Geld verdienen" oder „Marketing". Hier hat Adcell mehr zu bieten.

Als Beispiel: Du betreibst einen Blog zum Thema Mode, dann passt natürlich ein Angebot aus dem Bereich Kosmetik oder Fashion deutlich besser zu deiner Zielgruppe, als ein Kurs zum Thema Onlinemarketing. Hier hat Adcell definitiv die passende Auswahl. Darunter sind auch einige recht interessante Programme, mit Angeboten, die auch gekauft werden. Auch hier brauchst Du dir keine Sorgen um deine Provision machen, die Abwicklung stellt Adcell sicher.

Jetzt ein paar Einzelheiten zu der Plattform, die ich Dir für den Start empfehle:

Bei Digistore24 ist der Einstieg für meine Begriffe am einfachsten und schnellsten. Man versteht innerhalb sehr kurzer Zeit, was man tun muss und kann realistisch innerhalb weniger Minuten nach der Anmeldung bereits mit dem Marketing loslegen. Für mich ist Digistore24 auch deshalb angenehm, weil es komplett auf Deutsch funktioniert, anders als zum Beispiel Clickbank. Wie schon oben genannte ist ebenfalls wichtig, dass ich mich als Affiliate um nichts anders kümmern muss, als darum Werbung zu machen.

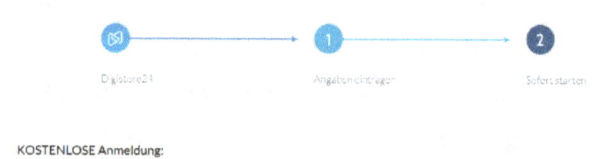

KOSTENLOSE Anmeldung:

Profitieren auch Sie von Digistore24!

Die schnellstwachsende Reseller-Plattform und der größte Affiliate-Marktplatz im deutschsprachigen Markt.

Digistore24 übernimmt quasi alles andere, vor allem den kompletten Kontakt mit den diversen Anbietern. Und hier kommt der Hauptgrund ins Spiel, warum ich Digistore24 für den Anfang empfehlen würde: Weil diese Plattform auch von den meisten deutschen Onlinemarketern benutzt wird, und damit haben Sie hier eine sensationelle Produktauswahl mit Produkten und Angeboten, die auch wirklich funktionieren. Das ist im Übrigen der am meisten unterschätzte, und gleichzeitig wichtigste Schritt, die Auswahl des richtigen Produktes.

Hier hilft Digistore24 Dir außerdem noch mit einer Reihe von Kennzahlen, also z.B. wie populär ist ein Produkt, wie gut konvertiert es (also wie viele Besucher kaufen auch wirklich), wie hoch ist die Stornoquote usw. Hier die Standard Ansicht auf dem Marktplatz incl. der verschiedenen Such- und Filterfunktionen:

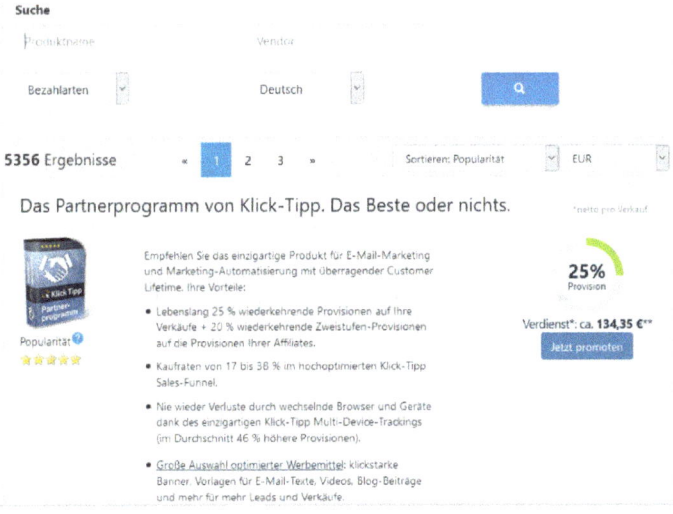

Das Schöne an Digistore24 für Dich als Affiliate ist, dass die Plattform, Dir die Auszahlung garantiert und die Auszahlung auch abwickelt. Damit hast Du keinen Stress mit Anbietern, die extrem lange dafür brauchen, manche zahlen nur teilweise aus, andere wiederum finden alle möglichen Gründe, warum sie nicht auszahlen – all das fällt bei Digistore24 weg. Du hast einen sauberen, leicht nachvollziehbaren Prozess und kannst Dich auf die Auszahlung erzielter Provisionen verlassen.

Also einfach, schnell sicher, genau das was Du brauchst, wenn Du mit wenig Aufwand nebenbei ein paar Hundert Euro verdienen willst. Eine der Fragen, die ich oben aufgeworfen hatte war ja:
Was nehmen einem solche Plattformen ab? Und die Antwort darauf lautet: Alles außer Werbung.

Wie genau funktioniert Digistore24?

Wie zu Beginn bereits beschrieben, geht es in diesem E-Book nicht um eine möglichst umfangreiche Anleitung, sondern um eine kurze, knackige und vor allem praktikable Lösung, wie man im Monat mehrere hundert Euro nebenbei verdient, ohne übermäßig viel Aufwand. Deshalb hier auch keine lange Anleitung zu Digistore24. Der Anbieter selbst bietet einen Einführungskurs auf seiner Webseite sowie eine umfangreiche Hilfe Seite. Nicht zu unterschätzen ist der Support, der ebenfalls hervorragende Arbeit leistet.

Darüber hinaus gibt es eine ganze Reihe von Kursen zu Digistore24.com, viele kostenlose und einige kostenpflichtige. Ich selbst habe mir vor einiger Zeit einen kostenpflichtigen Kurs gegönnt, der tatsächlich mein Geschäft deutlich hat wachsen lassen. Aber das muss jeder selbst wissen. Wie auch bei den anderen Themen benötigst Du nicht zwingend weitere Angebote.

Die anderen Plattformen beschreibe ich jetzt hier nicht näher, weil sie nach einem ähnlichen Prinzip funktionieren. Clickbank ist vor allem international und im englischen Sprachraum gut aufgestellt. Affilicon ist ziemlich ähnlich aufgestellt wie Digistore24, und hat eine Reihe von besonderen Produkten und Dienstleistungen im Angebot.

Nach eigener Beschreibung hat Affilicon ebenfalls einen sehr großen Marktplatz, nach meinem Eindruck sind die Produkte und Anbieter auf Digistore24 aber etwas aktiver. Schau Dir am besten beides an, grundsätzlich sind beide Plattformen sehr empfehlenswert.

OK, was sind die nächsten Schritte? Das Netzwerk hast Du ausgewählt. Jetzt kommen zwei weitere, entscheidende Schritte. Wie finde ich die Interessenten? Wie finde ich das richtige Produkt? Schauen wir uns zunächst an, ob und wie es möglich ist, schnell Interessenten zu finden.

Empfohlene Produkte zum Thema Affiliate Plattformen:

Digistore24 Kurs
(kostenlos)

Clickbank Kurs

Kapitel 5

Wie finde ich die Interessenten?

Ja – wie könnte es anders sein – auch zu diesem Thema findest Du hunderte von Bücher und unzählige Anleitungen im Internet, sowohl kostenlose, als auch sog. Premium Kurse für teilweise unverschämt viel Geld.

Das große Thema heißt Traffic, also wie bekommt man möglichst viele Besucher auf sein Angebot. Das Thema Traffic alleine steht im Mittelpunkt bei einer unzähligen

Ansammlung von Büchern, E-Books, Anleitungen, Kurse, Videos etc. In der Tat ist Anleitung bei diesem Thema besonders wichtig, leider ist es nach meiner Erfahrung auch besonders schwierig, Kurse oder Anleitungen von hoher Qualität zu finden, die auch wirklich praktikabel und umsetzbar sind.

Ich habe deshalb eine andere Form der Vermarktung gefunden, mit der ich mir unfassbar viel Aufwand erspare. Im Normalfall benötigen Sie ja eine Webseite – oder als Affiliate die Webseite des Anbieters – und organisieren dann

Traffic auf unterschiedlichste Weise für dieses Angebot. Das dauert meist sehr lange, ist von vielen Fehlschlägen und Enttäuschungen geprägt und kostet nicht selten eine Menge Geld. Trotzdem ist dieser Weg fast unumgänglich, wenn es darum geht, dass Sie ein Business aufbauen, ein Unternehmen, das regelmäßig hohe Besucherzahlen benötigt. In unserem Fall ist das allerdings nicht so, denn um ein paar hundert Euro zu verdienen, reichen schon ein paar hundert Klicks. Diese könnten Sie theoretisch einkaufen – das nennt sich dann PPC-Marketing (also pay per Click), was prinzipiell eine sehr gute Idee ist, allerdings in unserem Fall nur schlecht funktioniert bzw. präziser ausgedrückt, sind die so eingekauften Klicks meist zu teuer, um am Ende noch Geld zu verdienen.

Deshalb habe ich eine andere Methode entdeckt und diese ein wenig systematisiert, und das ist die Nutzung sogenannter Viral Mailer. Was sind Viral Mailer? Das sind Plattformen, die den Nutzern erlauben, die anderen Nutzer der Plattform per Mail anzuschreiben. Damit man das darf, muss man selbst erlauben, angeschrieben zu werden. Das ist die Grundlage in einfachen Worten aller Viral Mailer, die dann jeweils spezifische Ausprägungen haben.

Also, Du meldest Dich an, und bekommst dann eine ganze Reihe von Werbemails von anderen Nutzern. Dafür darfst Du selbst auch andere anschreiben, in der Grundversion normalerweise immer kostenlos. Die Menge variiert, oft sind es 500 Leute, die man kostenlos anschreiben darf. Das klingt erstmal nicht nach viel, jetzt gibt es aber drei Möglichkeiten, das auszuweiten.

Die erste Möglichkeit besteht schlicht darin, mehrere Viral Mailer zu nutzen. Dazu muss man allerdings wissen, welche der vielen Anbieter gut funktionieren. Diese Arbeit habe ich Dir abgenommen und empfehle Dir weiter unten die 4 Viral Mailer die nach meiner Erfahrung am besten funktionieren.
Die zweite Möglichkeit besteht schlicht darin, diese Mails, die man schreiben darf, regelmäßig zu wiederholen und zu variieren. Das bedeutet, Du darfst die Mail an die anderen Nutzer in der Regel in einem bestimmten Rhythmus neu aussenden, manchmal ist das alle 5 Tage, manchmal einmal in der Woche. Alleine durch diese hier genannten Möglichkeiten erreicht man so mit einer Aussendung (bei Nutzung der 4 Anbieter) schon ca. 2.000 bis 2.500 Nutzer, bei regelmäßiger Versendung kommt man so im Monat auf gut 10.000 Empfänger. Das hört sich doch schon anders an, richtig?

Jetzt die dritte Möglichkeit, die aus meiner Sicht die sinnvollste ist – in Kombination mit den beiden bereits besprochenen – und die Reichweite extrem erhöht. Hier handelt es sich um das „Aufstocken" der erlaubten Mails, natürlich kostenpflichtig.

Ja, man sollte kritisch sein, wenn es um Kosten geht. Da ich dieses Verfahren jedoch bereits seit beinahe 3 Jahren nutze, kann ich es guten Gewissens und ohne Einschränkung empfehlen. Ich zahle im Schnitt monatlich insgesamt ca. 60 Euro für alle 4 Viral Mailer. Ja, das klingt erstmal viel. Du musst ja nicht gleich so anfangen.

Ich will Ihnen erklären, warum ich das mache und vorrechnen, warum ich es jedem empfehlen würde. Zunächst warum mache ich das? Weil ich bis heute keine andere Funktion gefunden habe, die ein so gutes Verhältnis bietet, zwischen Mehrpreis und mehr Nutzen. Was heißt das konkret? Durch die kostenpflichtigen Angebote erreiche ich ca. 9.000 Empfänger – mit JEDER einzelnen Aussendung.

Nochmal zum Verständnis, ich erreiche nicht monatlich, sondern jedes Mal, wenn ich eine Aussendung über diese 4 Mailing Dienste aussende ca. 9.000 Empfänger. Und jetzt kommt der Clou: Die kostenpflichtige Nutzung beinhaltet auch, einen deutlich höheren Rhythmus, sprich hier kann ich jetzt alle 3 Tage eine Aussendung vornehmen, also im Schnitt 10 Mal im Monat. Jetzt eine kurze Rechnung, wie viele Empfänger kann ich dadurch erreichen? Ganz einfach, es handelt sich um 10 Aussendungen mit jeweils 9.000 Empfänger, also insgesamt **90.000 Empfänger im Monat.**

Ja, das ist eine gewaltige Zahl, und das muss man erst mal sacken lassen. Und bei dieser Zahl wird einem dann auch deutlich, dass man damit wirklich etwas erreichen kann. Und jetzt will ich noch kurz auf meine Behauptung, mit dem besten Preis-Leistungs-Verhältnis eingehen.

Wenn wir uns einfach mal kurz vor Augen führen, dass ich für nur 60 Euro eine Aussendung an 90.000 Empfänger durchführen kann, diese Empfänger grundsätzlich interessiert sind und ich mir außerdem keine Fragen um Rechtssicherheit stellen muss (ein extrem wichtiges, am Anfang häufig unterschätztes Thema), dann gibt es nach meiner Erfahrung kein besseres Angebot.

Wichtig dabei ist, dass es hier nicht einfach nur um die Menge geht. Wenn Du über Ebay einen Newsletter buchst, bekommst Du manchmal 100.000 Empfänger für 20 Euro. Das Blöde daran ist nur, dass die 20 Euro für die Tonne sind, denn da passiert schlicht und einfach gar nichts.

Du kannst es mir glauben, ich habe die meisten Varianten davon ausprobiert. Und genau hier ist der Unterschied zu dieser vorgestellten Methode. Hier hast Du Empfänger die auch reagieren, sie klicken und vor allem ein Teil kauft auch.

Empfohlene Produkte zum Thema Traffic:

Best of Traffic – hier ist der Name Programm. Bei diesem Kurs berichten die erfolgreichsten Online Marketer über ihre besten Traffic Strategien. Das Wissen der besten Experten, komprimiert in einem Kurs.

Das Beste ist der Preis, das wirst Du nie glauben. Schau hier:

http://bit.ly/2O90ZRn

Kapitel 6

Mailing Plattformen im Test

Die 4 Viral Mailer die ich empfehlen kann, in der Reihenfolge der Wichtigkeit und Nützlichkeit sind die folgenden:

[Viral URL](#)
[Viral Mails](#)
[Solo Mailer](#)
[Viral Mailer](#)

Mein persönlicher Bonus – Viral-Mailer Nr. 5:
[Socialmediatraffic von Nabenhauer](#)

Ich beginne mal mit dem Bonus. Der Viral Mailer [Socialmediatraffic](#) von Nabenhauer Consulting ist deshalb interessant, weil er von einem Urgestein des Onlinemarketings betrieben wird, der sehr genau versteht, was Affiliates benötigen. Ich persönlich nutze diesen Viral Mailer nicht, weil ich nicht mehr als vier Plattformen nutzen möchte, um es nicht zu kompliziert zu machen. Würde ich mehr nutzen, dann wäre Socialmediatraffic definitiv meine nächste Wahl.

Nun zu den vier oben aufgeführten Viral Mailern

Das Urgestein und nach meiner Erfahrung nach wie vor der Mailer mit den besten Ergebnissen ist Viral URL, einen ähnlichen, nur viel größeren gab es schon vorher im englischen Sprachraum, den gibt es heute immer noch. Sehr ähnlich, auch im Ergebnis ist danach Viral Mails. Viral URL hat zwischen 2.500 und 4.000 Mitglieder, Viral Mails zwischen 3.000 und 4.500. Die Anzahl der Mitglieder schwankt etwas, je nachdem wie viele sich neu an- oder abmelden.

Bei beiden Mailern habe ich den Eindruck, dass die Nutzer auch den Werbemails anderer Nutzer durchaus aufgeschlossen gegenüber sind. Die reine Anzahl an sich nutzt ja nichts, wenn die Empfänger total genervt einfach nur alles löschen, was von dort kommt. Hier kommt übrigens ein weiterer Vorteil dieser Mailer ins Spiel.

Worüber sich die meisten kaum Gedanken machen, sind so Zahlen wie Zustellrate, Öffnungsrate, Klickrate etc., sowie Begriffe wie Spam oder schwarze Liste. Vielen ist nicht klar, dass von 100 Mails, die man versendet nur ein Teil auch wirklich beim Empfänger ankommt. Das wird von vielen Faktoren beeinflusst, aber einen wichtigen Anteil daran hat der Versender der Mails. Ich meine nicht den Absender, das wärst ja in diesem Fall Du, sondern den Versender, also welchen Dienst Du dafür nutzt.

Wenn Du gewerblich Mails verschickst, also wie oben erwähnt 9.000 Mails auf einmal, dann kannst Du das nicht mit deinem normalen Mailprogramm machen. Mal abgesehen davon, dass das Handling dafür sehr umständlich ist, ist das Mail Programm auf solche Mengen nicht eingerichtet und Du würdest jede Menge Fehlermeldungen erhalten und sehr bald eine Verwarnung.

Deshalb nutzt man als professioneller Versender von Mails, spezialisierte Anbieter dafür. Allerdings gibt es hier große Unterschiede in der Zustellung, unter anderem auch in der Zustellrate, also wie viele der versandten E-Mails landen überhaupt tatsächlich in der Eingangsbox des Empfängers.

Hier sind die von mir genutzten Mailer Dienste klar im Vorteil, weil alle Empfänger ja selbst bei den jeweiligen Diensten angemeldet sind. Das führt dazu, dass Mails die von den jeweiligen Viral Mailern verschickt werden auch zu einem sehr hohen Prozentsatz wirklich ankommen.

Gut, gehen wir etwas mehr ins Detail. Wie genau funktioniert das nun? Du meldest dich erstmal kostenlos an, z.B. bei Viral-URL Das Anmeldefeld ist gleich rechts auf der Startseite, es reicht, Vor- und Nachnahme und E-Mail-Adresse und abschicken. Dann kommt die obligatorische Bestätigung der E-Mail die einem zugesandt wird, und dann kannst Du dich einloggen, und siehst dann dieses hier:

Das ist sozusagen dein Dashboard, und es ist glücklicherweise nicht sehr umfangreich und einfach zu bedienen. Ich will jetzt auf die einzelnen Punkte nicht näher eingehen, denn auch hier gibt es bereits eine sehr gut ausgearbeitete Anleitung. Man sieht den Punkt hier oben links, neben „HOME" steht ja „PDF-Anleitung", einfach draufklicken und man erhält eine sehr gut verständliche, 40-seitige Anleitung.

Hier im Rahmen dieses Artikels soll es vor allem um das Versenden von Mails an die Mitglieder gehen. Und dazu brauchst Du den Button „Emails verwalten", das ist der zweite von links. Wenn man mit der Maus (oder dem Finger) darauf geht, klappt folgendes Menü auf:

Hier brauchen wir dann die Funktion ganz unten „System Mailer". Wenn man darauf klickt bekommt man dann die Möglichkeit, eine Mail an die Mitglieder zu versenden. Die Anzahl der Mitglieder variiert, je nachdem welche Mitgliedschaft man hat.

Ich bin zum Beispiel Diamant Mitglied und habe deshalb die Möglichkeit, bis zu 6.000 Mitglieder alle drei Tage anzuschreiben. Im Moment wäre eine Gold Mitgliedschaft aber völlig ausreichend, hier kann man 3.000 Mitglieder alle drei Tage anschreiben und derzeit gibt es auch nicht mehr Mitglieder.

Manchmal bekommt man nach der Neuanmeldung sofort ein Upgrade Angebot auf die Gold Mitgliedschaft zu sehr guten Sonderkonditionen. Das empfehle ich tatsächlich, weil die Upgrades später deutlich mehr kosten.

Gut, dann bist Du schon in der Maske, in der Du deine Mail schreiben kannst, erst den Betreff und danach den Text. Wie Du das richtige Angebot findest sowie welche Schlagzeilen am besten telefonieren und woher man die Texte bekommt, dazu mehr in den nächsten Kapiteln.

Wenn Du den Betreff und den Text eingegeben hast, kannst Du unten auf den „Absenden" Button klicken. Findest Du nicht? OK, der Button heißt „VO

```
Speicher Template:  ◉ Ja   ○ Nein
      Track Links:  ◉ Ja   ○ Nein
    Anreiz Anbieten: ○ Ja  ◉ Nein - Diese Option bietet anderen Mitgliedern einen Anreiz an um auf
                                   einen Ihrer Links zu klicken. Im Gegenzug können Sie erst wieder in 4 Tagen ein
                                   Mailing versenden.
                                   [ Email Vorschau ]
```

Wie Du siehst, gibt es hier noch drei Möglichkeiten zur Auswahl. Nach meinen Erfahrungen ist die Auswahl die Du hier im Screenshot siehst, sehr sinnvoll. Das Speichern des Template ermöglicht Dir eine sehr einfache Wiederholung, dazu am Ende des Kapitels noch etwas mehr. Der Track Link ist wichtig, wenn Du über die Plattform selbst Deinen Erfolg kontrollierten willst, Du kannst dann bei bereits versendeten E-Mails sehen, wie viele Deinen Inhalt angeklickt haben.

Auch wenn Du über die Affiliate Plattformen wie Digistore24 ebenfalls eine gewisse Kontrolle hast, finde ich die Informationen sehr hilfreich. Hier kannst Du genau sehen, wie viele haben die Nachricht geöffnet, wie viele haben geklickt, und kannst das mit anderen Aktionen bei dem gleichen Viral Mailer vergleichen und dadurch ein Gefühl dafür bekommen, was besonders gut funktioniert.

Das Fenster sieht dann zum Beispiel so aus

Nachricht Tracking Details

Thema:	KEIN eigenes Produkt, KEINE eigenen Videos - aber Umsatz bis zum Abwinken		
Sendezeit:	19.01.2021 07:12:53		
Versandt an:	2.235	Conversion-Rate:	
Anzahl Nachrichten geöffnet:	110	4.922% Versandt/Geöffnet	Conversion-Rate:
Anzahl einzigartiger Klicks:	33	1.477% Versandt/Klicks	30.000% Geöffnet/Klicks
Nachricht:			

```
hier habe ich die einzigartige Verbindung zwischen
Affiliate Marketing und Video Marketing gefunden.

Link #1: http://bit.ly/2Rgnq4C

Die meisten werden die vielen Vorteile von Affiliate Marketing
kennen. Einfach, schnell, keine Probpeme mit Produkt oder rechtliche
Probleme

Jeder, der sich mit Onlinemarketing beschäftigt, weiß, wie
wichtig Videos im Marketing sind. Die meisten werden aber
```

Aber wir sind etwas vom Thema abgekommen. Du hast ja auf E-Mail-Vorschau geklickt, und jetzt siehst Du Deine Mail noch einmal in der Übersicht. Hier kannst Du auch z.B. Formatierungsfehler erkennen, also fehlen vielleicht Absätze, oder ist der Zeilenumbruch korrekt. Außerdem erkennt man auf dieses Weise auch mögliche Fehler. Und noch etwas nicht ganz Unwichtiges ist hier gut möglich. Passt die Länge der Mail? Meist funktionieren kurze, übersichtliche Mails sehr gut.

Dann also auf zum „Absenden". STOP. Nicht so schnell. Etwas Wichtiges haben wir noch vergessen, eigentlich für Dich als Affiliate fast das Wichtigste, nämlich Deine Affiliate Links.
Was ist ein Affiliate Link? Dazu mehr im nächsten Kapitel. Hier noch kurz das Thema, auf das ich weiter oben bereits verwiesen habe.

Zum Schluss möchte ich Dich noch auf eine Funktion aufmerksam machen, die mir schon oft geholfen hat, wenn ich wenig oder keine Zeit hatte. Die Wiederholung (siehe oben, dazu ist es nötig das Template zu speichern). Was steckt hinter dieser Funktion? Das ist eigentlich sehr simpel,

Du kannst hiermit eine der bereits vor Tagen oder Wochen versandten Mails einfach nochmal wiederholen. Natürlich sollte man nicht immer wieder die gleiche Mail schicken, aber gegen eine Wiederholung in gewissen Abständen ist nichts einzuwenden.

Manchmal hat man einfach keine Zeit, aber bevor man die Möglichkeit komplett auslässt und damit verschenkt, kann man schnell eine bereits versandte Mail einfach wiederholen. Bei mir kommt das zwei- bis dreimal im Monat vor. Dann suche ich mir eine Mail aus, die einigermaßen gut funktioniert hat (siehe Tracking Details) und wiederhole sie einfach. Das Tolle daran ist, dafür brauchst Du praktisch kaum Zeit. Ich schaffe das inzwischen in 5 Minuten und zwar für alle vier Mailer zusammen.

Logisch, dass solche Mails in der Regel nicht das gleiche Ergebnis erzielen, als Mails die neu sind, interessant geschrieben sind, schöne Variationen enthalten etc. Aber ein paar Mal wenig verdient summiert sich auch. Hier eine Zahl von mir, das war vor 2 Wochen. Ich hatte keine Zeit, weil ich mit anderen Projekten beschäftigt war und habe einfach eine Mail nochmal verschickt, die ich bereits vor ca. 5 Wochen verwendet hatte.

Das Ergebnis? 434 Euro Stundenlohn. Klingt doch gut oder? Wie ist das zu verstehen? Ich habe in den 5 Minuten 36,17 Euro verdient. Umgerechnet auf die Zeit und das Ergebnis eine schöne Sache. Sicher, das ist nicht das Ziel, aber rechen doch mal kurz nach. Mal angenommen, Du würdest alle 10 Mails im Monat auf diese Weise durchführen (wovon ich Dir ausdrücklich abrate), und der Einfachheit halber nehmen wir mal an, Du würdest jedes Mal 35 Euro erzielen, dann sind das ja bereits 350 Euro im Monat.

An dem Beispiel siehst Du ganz gut, welches Potential in dieser Methode steckt. Und wie gesagt, das Ziel bei solchen Aktionen ist ja ein anderes. Ich habe Mailings, da erziele ich zwischen 70 und 85 Euro, pro Mailing. Natürlich klappt das nicht jedes Mal, aber Du siehst, welche Möglichkeiten darin stecken. Die im Titel angepeilten 500 Euro sind also kein Wunschtraum, sondern eher ein Durchschnittswert.

Es gibt die Möglichkeit, diese Methode zu optimieren (was ich aus Zeitgründen eher vernachlässigt habe), und einen Anbieter, der den Ertrag pro Klick auf 55 Cent optimiert hat. Zum Vergleich, meiner liegt bei 12-14 Cent im Schnitt. Was bedeutet das? Mal angenommen, Du erzielst mit einem Mailing (immer alle 4 Mailer zusammengenommen) 500 Klicks (bei einer Aussendung an ca. 9.000 Mitglieder) dann sind das Einnahmen von 60-70 Euro. Das entspricht so in etwa auch meinem tatsächlich erzielten Durchschnitt.

Zum Vergleich, bei dem optimierten Ergebnis würdest Du bei gleicher Anzahl von Klicks 275 Euro einnehmen. Und wohlgemerkt, wir reden von einer einzigen Mail (an ca. 9.000 Empfänger) Und jetzt die Preisfrage: Was bedeutet das im Monat? Bei 10 Mails mit gleichem Ergebnis reden wir dann über 2.750 Euro. Merkst Du was? Bekommst Du große Augen? Man ahnt, welches Potential in diesem System stecken kann.

Hier der [Link zu dem System](#), nur wenn Du willst. Was ich übrigens überhaupt nicht verstehe, ist der Preis. Zum Zeitpunkt als ich diesen Ratgeber schreibe, kostet das komplette System unter 20 Euro. Wieso? Schau es Dir an, wenn der Preis noch stimmt, schlag zu!

Hier übrigens ein Screenshot aus meinem Konto bei Digistore24, nur damit Du siehst, dass die Zahlen, über die wir sprechen, Realität sind. Das ist eine Übersicht der von mir erzielten Einnahmen über Digistore24. Natürlich kann man auch andere Affiliate Anbieter und Netzwerke nutzen (Adcell / Financeads etc.), dann kommen weitere Einnahmen hinzu. In dem Screenshot siehst Du noch eine weitere Information, die alleine schon mindestens einen dreistelligen Betrag wert wäre, das verrate ich Dir später in dieser Anleitung.

Top Vendoren

Seit Kontoerstellung	Stornoquote	Brutto
GermanHero	0,5%	8.815,87 €
insystem	1,0%	5.132,26 €
PNAcademy	2,0%	3.396,96 €
mschlee	0,0%	1.798,76 €
TrustWizz	16,6%	1.468,84 €

Ich bin jetzt nicht näher auf die anderen Viral Mailer eingegangen, um diese Anleitung nicht unnötig aufzublähen. Die beschriebenen Funktionen sind analog zu Viral-URL bei den anderen Mailern ähnlich, manchmal heißen sie etwas anders, aber das wirst Du schnell herausfinden, wenn Du mit Viral-URL beginnst und dann als nächstes Viral-Mails nutzt, dann lernst Du schnell, auf was es ankommt.

Ich habe übrigens bei Viral-Mails ebenfalls eine Gold Mitgliedschaft, das kostet mich 22 Euro im Monat, aber ich kann damit jedes Mal 3.000 Mitglieder + anmailen. Das Plus bezieht sich auf die Punkte die man zusätzlich bekommt, und damit lassen sich mit einer Mail zum Beispiel 4.000 Mitglieder anmailen.

Manche haben diese Methode übrigens zu einem regelrechten Geschäftsmodell entwickelt, hier eine Anleitung zur Nutzung von bis zu 17 Viral Mailern!!

Gut, dann lass uns zum nächsten Kapitel gehen, hier geht es um die Erstellung und Nutzung von Affiliate Links.

Kapitel 7
Affiliate Links

Schön, dass Du es bis hierher geschafft hast. Damit bist Du jetzt mitten im Thema und schon mehr als zur Hälfte durch. Bleib dran, Du näherst Dich deinen ersten Einnahmen in rasender Geschwindigkeit. Dazu musst Du aber wissen, was Affiliate Links sind, wie Du diese erstellst und wie Du diese dann cloakst (ein fieses Wort, riecht nach Cloake ist aber wichtig)

Was sind Affiliate Links? Das sind Links, die eine bestimmte Information enthalten, die für Dich von höchster Wichtigkeit ist. Nämlich die Information, dass dieser Link DEIN Link ist. Nur wenn Du einen solchen Link verwendest, kann eine Aktion, also z.B. ein Lead oder ein Sale (Verkauf) auch korrekt Dir zugeordnet werden. Oder einfacher ausgedrückt: Nur so bekommst Du Provision.

Also wirklich wichtig. Wie kommst Du zu so einem Link? Das bietet Dir der entsprechende Partner oder das Netzwerk an, oder eben – und da sind wir wieder beim Thema Affiliate Plattformen, die entsprechende Plattform. Auch hier macht es Dir Digistore24 sehr einfach. Du wählst einen Artikel aus, und dann findest Du den Artikel rechts, unter der Bezeichnung „Ihr Promolink":

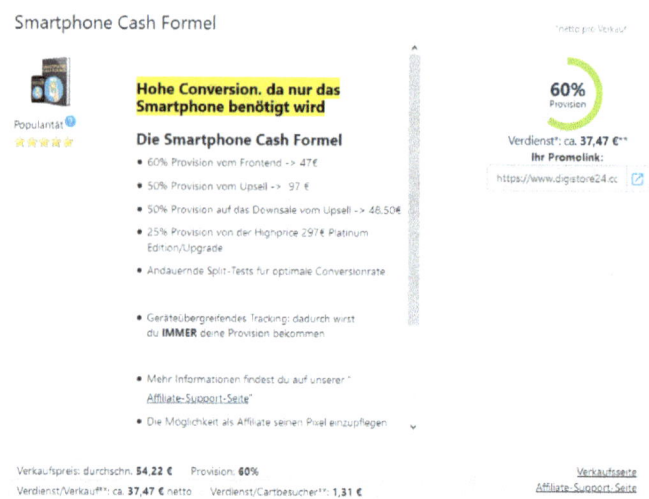

Ich habe hier mal den kompletten Screenshot eines Artikels gezeigt, weil wir später auch noch auf andere Informationen zurückkommen.

Jetzt nochmal zu dem Link zurück. Du klickst auf den Promolink, und kannst ihn dann kopieren. In meinem Fall sieht der Promolink also folgendermaßen aus:

https://www.digistore24.com/redir/278844/Affiliate/

Ich habe den Link ein wenig geändert. Normalerweise steht ganz hinten meine Affiliate ID, da wo jetzt „Affiliate" steht. Und genau dieser Teil macht den Unterschied. Du musst also darauf achten, dass bei diesem Link hinten Deine ID oder Dein Affiliate Nutzername steht, nur dann können alle Aktionen Dir gutgeschrieben werden.

Jetzt kannst Du mit der Werbung beginnen. Du schreibst eine Mail, oder vielleicht kopierst Du eine Mail, die der Vendor zur Verfügung stellt, fügst Deinen Link ein und versendest die Mail, fertig. Du kannst das so machen, ich würde Dir aber vorher noch einen anderen Schritt empfehlen, und da kommen wir zu dem komischen Wort vom Anfang des Kapitels zurück. Ich würde Dir unbedingt empfehlen, den Link zu „cloaken" oder, eine andere Bezeichnung dafür lautet, zu maskieren.

Ich nehme mal das Ergebnis vorweg, bevor ich erkläre warum das wichtig ist, und wie das geht. Der obige Link als maskierter Link sieht bei mir zum Beispiel so aus:

https://bit.ly/2XGz25q

Dieser Link sieht komplett anders aus, als der obige. Warum empfehle ich das? Es gibt einen praktischen Grund, der allerdings nicht der Hauptgrund ist, der Link ist wesentlich kürzer, damit leichter händelbar und wird auch eher angeklickt.

Der mit weitem Abstand wichtigste Grund ist aber ein anderer. Wenn sich jemand ein wenig auskennt, weiß er sofort, dass der obige (lange) Link ein Affiliate Link ist. Das führt bei einer erheblichen Anzahl der Leute dazu, dass sie versuchen, den Link zu umgehen, und auf die Seite oder das Produkt zu klicken, ohne Deinen speziellen Link. Die Folge ist, dass dann kein Tracking mehr möglich ist, sprich wenn derjenige einen Kauf ausführt, bekommst Du nichts.

Ehrlich gesagt verstehe ich dieses Verhalten nicht, der Nutzer hat ja überhaupt keinen Nachteil, wenn er den Affiliate Link klickt. Dennoch ist es ein erheblicher Nachteil, Untersuchungen haben das bestätigt. Man schätzt, dass zwischen einem Viertel und einem Drittel an Klicks und Aktionen so verloren gehen. Im Grunde kann man nur als Motivation Neid vermuten. „Dem gönne ich das nicht, dass er ein paar Euro verdient". Das ist zwar völliger Unsinn, aber leider Realität.

Einige ganz Schlaue nutzen den Affiliate Link übrigens für sich selbst, erstellen sich einen eigenen Affiliate Link und kaufen dann darüber, um die Provision selbst zu kassieren. Das ist zwar in den meisten Fällen untersagt, wird aber trotzdem gemacht. Das sind die Gründe, warum ich Dir unbedingt empfehle, den Link zu maskieren.

Wie geht das?

Es gibt sog. Linkverkürzer, meist wird der englische Begriff „link shortener" dafür verwendet. Eine ganze Reihe von Anbietern bieten diesen Dienst an, ich verwende bit.ly, die Handhabung ist einfach und der Dienst bietet nützliche Statistiken.

Nachdem man einen kostenlosen Account angelegt hat, gibt man seinen Original Link ein, und klickt auf „Create" – also erzeuge einen kurzen Link, das Ergebnis sieht dann z.B. so aus:

https://bit.ly/2XGz25q

Jetzt hatte ich ja oben bereits ein Beispielprodukt verwendet, bleiben wir mal bei diesem Beispiel, dann hast Du in Deinem Account folgende Übersicht zu diesem Link:

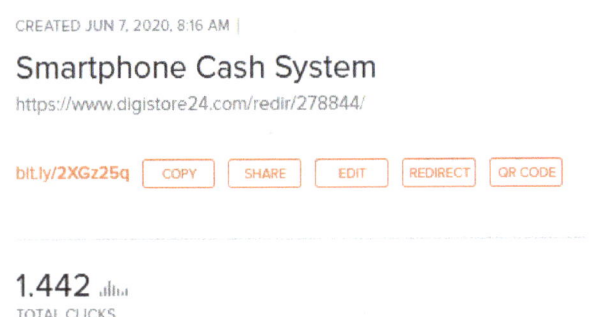

Du siehst den Original-Link (ich habe meinen Affiliate Namen am Ende wegretuschiert) und den neuen Link, sowie die Anzahl der Klicks, die über diesen Link erzeugt wurden. Das ist eine ganz gute Kontrolle zu den anderen Statistiken und es gibt Dir schnell ein Bild, über den Erfolg Deiner Kampagnen, zumindest was die Klicks angeht. Wenn man in dieser Ansicht weiter nach unten scrollt, erhält man eine Übersicht über die Herkunft, von welcher Domain (also z.B. von welchem Viral Mailer wie viele Klicks kommen) und wie die geografische Herkunft ist, also aus welchem Land kommen die Klicks.

Gut, das sollten genügend Information und Anleitung sein, um zu starten.
Was folgt als nächstes?
Klar, wir brauchen ein Produkt oder ein Angebot, das wir bewerben können.

Kapitel 8

Wie finde ich das richtige Produkt?

Das ist tatsächlich das wichtigste und das schwierigste Thema, weil mit dem richtigen Produkt Erfolg oder Misserfolg eng zusammenhängt.

Wie findet man das richtige Produkt?
Hierzu gibt es diverse Möglichkeiten, aber ich hatte Dir ja versprochen, es einfach zu halten. OK, dann beschränken wir uns auf zwei Überlegungen:
Wer ist die Zielgruppe, die ich anspreche?
Welche Angebote werden bei dem gewählten Weg und bei der ausgewählten Zielgruppe sehr wahrscheinlich erfolgreich sein.

Gut, dann versuchen wir mal brauchbare Antworten zu erhalten.
Diese Vorgehensweise können Sie übrigens auch auf andere Aktionen, andere Wege und andere Werkzeuge übertragen.

Also, wenn wir, wie in unserem Fall solche Viral Mailer nutzen, wie könnten wir dann die Empfänger unserer Mails beschreiben? Welche Interessen haben Sie? Welche Themen könnten funktionieren? Welche Art von Angeboten wäre für die Empfänger hilfreich?

Nun, überlegen wir mal. Warum haben wir uns bei solchen Viral Mailern angemeldet? Weil wir Geld verdienen wollen und weil wir alles, was damit zusammenhängt und was uns dabei hilft benötigen. Wir können also schon einmal festhalten, dass unsere **Zielgruppe** ganz grob mit dem Thema „**Geld verdienen**" angesprochen werden kann. Das ist natürlich ein weites Feld, aber ein wichtiger Hinweis.

Sehr wahrscheinlich wird also ein Angebot, z.B. zu einem außergewöhnlichen Marketing Angebot, das hilft, hunderte von Interessenten zu gewinne, vermutlich besser funktionieren, als beispielsweise ein Angebot zu hervorragenden Matratzen.

Die nächste Überlegung geht dann etwas mehr in die Details. Was gehört alles zu dem Bereich „Geld verdienen"? Was benötigt man, um Geld zu verdienen?

Webseitenerstellung
Kenntnisse zu Landingpages
Marketing Möglichkeiten
Newsletter Aufbau
Videoerstellung
Videomarketing
Facebook Ads Werbung
Google Ads Werbung
Einhaltung von Datenschutz und DSGVO
Andere Unternehmensformen
Ausländischer Firmensitz
Verhalten bei Abmahnungen
Mentale Übungsprogramme
Wie denkt ein Unternehmer

Was unterscheidet Millionäre von Normalos
Wie bekomme ich das richtige Mindset

Nicht vergessen: Die eigene Liste aufzubauen! So schnell wie möglich damit beginnen.

Du siehst, wenn man sich aktiv Gedanken macht und etwas Brainstorming betreibt, gibt es eine ganze Reihe von interessanten Themen. Und die Liste ist bei weitem nicht vollständig. Allerdings ist sie schon sehr hilfreich für Dich, damit habe ich Dir bereits eine Menge Arbeit, jede Menge Lehrgeld und viel Frustration abgenommen. Ich selbst habe das mühsam nach und nach gelernt und erfahren und habe dabei sicherlich etliche Monate „verloren".

Mit Hilfe dieser Liste kannst Du SOFORT starten. Aber ich gebe Dir noch mehr. Ich gebe Dir meine persönlichen Erfolgsprodukte und meine persönlichen Erfolgsvendoren. Alleine diese Informationen sind bei den meisten Internetmarketern sher gut gehütete Geheimnisse, weil sie darüber entscheiden ob und wie viel Geld Du verdienst.

Das ist ganz einfach, auf Digistore24 gibt es über 5.000 Produkte, auf Affilicon noch mehr und auf Clickbank nochmal mehr. Jetzt versuche mal, daraus die Produkte herauszufiltern, die für Dich und Deine Anwendungen passen. Ja, viel Spaß. Und hier kommt die Grafik aus einem der letzten Kapitel nochmal zum Einsatz, indem ich Dir meine Zahlen der TOP-5 Vendoren gezeigt habe.

Top Vendoren

Seit Kontoerstellung	Stornoquote	Brutto
GermanHero	0,5%	8.815,87 €
insystem	1,0%	5.132,26 €
PNAcademy	2,0%	3.396,96 €
mschlee	0,0%	1.798,76 €
TrustWizz	16,6%	1.468,84 €

In dem Kapitel ging es um Einnahmen, aber die Grafik zeigt noch etwas Anderes, etwas sehr viel Wichtigeres.

Sie zeigt Dir den Weg zu meinen persönlichen Erfolgsprodukten, und ich erkläre Dir jetzt, wie Du die Grafik dazu nutzen kannst.

Was siehst Du auf der Grafik? Du siehst mit welchen Vendoren ich bislang den meisten Umsatz auf Digistore24 gemacht habe. Was kannst Du nun damit anfangen. Nun auf dem Marktplatz von Digistore24, kannst Du nach Produkten filtern, und es gibt jede Menge Filtermöglichkeiten.

Eine davon ist die Eingabe eines Vendors. Nun besteht die fiese Schwierigkeit darin, dass die Produkt-Anbieter (das sind die Vendoren) in
der Regel als Vendor anderen Namen verwenden, als ihre Unternehmensbezeichnung oder ihren richtigen Namen.

Hier das Beispiel von GermanHero, die Suchmaske müsste dann nach Eingabe des Vendors so aussehen:

Wenn Du auf den blauen Button klickst, erhältst Du das Ergebnis aller Produkte dieses Vendors auf Digistore24 (bei einigen Vendoren, die eine explizite Freischaltung fordern, ist die Liste auf die Produkte begrenzt, für die Du freigeschaltet bist). Die Liste sieht dann etwa so aus (hier nur der Anfang aus Platzgründen):

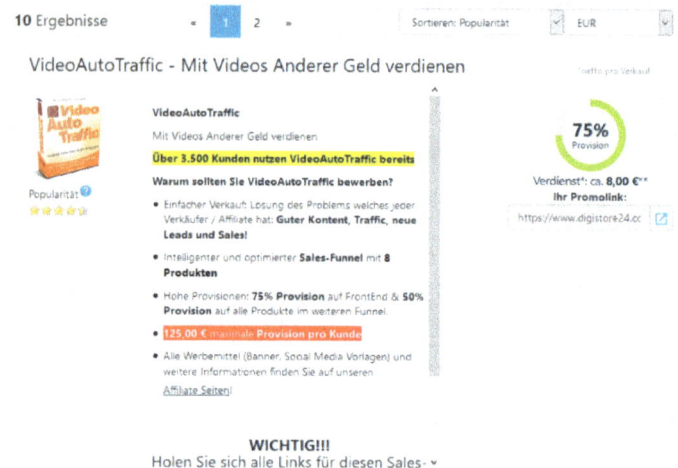

Bei GermanHero werden aktuell 10 Produkte angezeigt. Ein Grund, warum die Produkte von GermanHero in diesem Zusammenhang so gut funktionieren siehst Du auf der rechten Seite, wenn Du diese Information in Zusammenhang mit den Infos aus dem Kapitel über die Zielgruppe zusammenbringst. Ja, das ist jetzt richtiger Denksport. Wir tauchen jetzt ganz tief in die Frage der Produktauswahl ein.

Was hatten wir bei der Eingrenzung von Zielgruppe und Produkt festgestellt? Die Zielgruppe ist an allem interessiert, was in Zusammenhang mit ihrem eigenen Erfolg im Internet steht. Ist das hier der Fall? Bei dem Produkt handelt es sich um ein Angebot, das Traffic. Leads und Sales verspricht, also zu 100 Prozent zu dem passend, was wir festgelegt hatten.

Und nun der zweite Punkt. Hier ging es ja um die Frage, welche Produkte oder Angebote besonders vielversprechend sind. Nun da wir die Empfänger nicht persönlich kennen - es ist ja nicht unsere eigene Liste – wird das Vertrauen kaum ausreichen, um spontan hochpreisige Produkte für mehrere hundert Euro zu kaufen. Dazu ist in der Regel ein längerer Kontakt vor dem Kauf nötig.

Dafür funktionieren kostenlose oder niedrigpreisige Angebote ziemlich gut. Und jetzt schau nochmal auf den Preis des Produktes. Findest Du nicht? Stimmt, der steht auch nicht direkt hier, ich zeige Dir gleich, wo Du den Preis findest. Aber Du kannst den Preis herleiten. Schau doch mal auf die Information rechts, hier steht was Du damit verdienst, bei einem Verkauf, hier werden acht Euro genannt.

Jetzt könnte man denken, na ja, acht Euro das lohnt sich ja gar nicht. Weit gefehlt. Nochmal ein kleines Rechenbeispiel. Was haben wir gesagt, wie viele Empfänger erreichen wir mit einem Mailing? Bei mir sind es ca. 9.000. Was kostet ein Mailing? Was soll jetzt diese Frage, ist es nicht kostenlos? Ich hatte ja in einem der vorigen Kapitel geschrieben, das ich die kostenpflichtige Variante nutze, weil das Preis-Leistungsverhältnis unschlagbar ist.

Du erinnerst dich vielleicht, bei sind es insgesamt 60 Euro an Kosten im Monat. Umgerechnet auf die 10 Mailings kostet uns also ein Mailing – also einmal an alle 4 Viral Mailer – im Schnitt sechs Euro. OK, wir erreichen 9.000 Empfänger, wie viele kaufen? Das ist höchst unterschiedlich, weil hier wahnsinnig viele Variationen möglich sind. Wer von den 9.000 öffnet die Mail? An welchem Tag wird die Mail verschickt? Zu welcher Tageszeit? Und viele weitere. Also nehmen wir einen Durchschnittswert. Nehmen wir an, es öffnen 15 Prozent der Empfänger die Mail.

Das sind dann noch 1.350 Empfänger, die Deine Mail lesen. Hoppla, das hat sich aber schnell verringert. Manchmal ist die Quote auch höher, ich habe es schon auf 25 Prozent Öffnungsrate geschafft, aber bleiben wir mal auf dem Boden. Also 1350 Empfänger lesen Deine Mail. Wie viele davon klicken auf die Links? Auch das schwankt sehr, aber bei gut geschriebenen Mails kann man Klickraten von 12-15 Prozent erreichen, dann reden wir also gerundet von 170-180 Klicks, das ist ziemlich realistisch. Ich habe immer wieder Mails, bei denen auch mehr klicken.

Gut, nun brauchen wir noch die sog. Conversion Rate, also wie viele von denen, die geklickt haben, kaufen denn auch. Hier bietet Digistore24 eine Statistik, die zumindest als Annäherung gut geeignet ist, und sich aus tatsächlichen Verkaufszahlen ergibt. Digistore24 misst ja sowohl die Klicks als auch die Verkäufe, kann also tatsächlich die reale Conversion errechnen und angeben. Auch diese Informationen findest Du bei dem Produkt, etwas weiter unten, hier:

Verkaufspreis: durchschn. **29,00 €**   Provision: **75%**
Verdienst/Verkauf**: ca. **8,00 €** netto   Verdienst/Cartbesucher**: **1,40 €**
Vendor: **GermanHero**   Erstellt: **vor vier Jahren**   Bezahlarten: **Einmalzahlung**
Verkaufsrang: **17 in Software**   Cart Conversion**: **10,0%**
Stornoquote**: **3,2%**

Hier siehst Du übrigens auch den Produktpreis, das ist der Endpreis incl. Steuern, den der Kunde zahlen muss, das sind in diesem Fall 29 Euro. Und Du siehst die Conversion, die beträgt hier ca. 10 Prozent. Was haben wir gesagt, wie viele klicken? 170 bis 180 Klicks waren das. Davon 10 Prozent sind? Na ja, 17 Verkäufe. Sagen wir mal, der eine oder andere überlegt es sich nochmal oder storniert wieder, dann gehen wir von 15 Verkäufen aus.

So und jetzt kommt ein weiterer wichtiger Punkt. Die hier genannten 8 Euro sind ein errechneter Wert. Ich habe keine Ahnung, wie Digistore24 darauf kommt, aber ich weiß genau, dass der Wert nicht stimmt. Ich habe dieses Produkt schon zigmal verkauft – oder besser gesagt, es ist schon sehr häufig aufgrund meiner Empfehlung verkauft worden.

Und ich kann Dir genau sagen, wie hoch die Provision dafür ist, das sind 14,45 Euro netto. So und jetzt rechnen wir mal zusammen. 15 Verkäufe zu je 14,45 Euro sind? Gut dass es Taschenrechner gibt. Das sind 216,75 Euro Was sagst Du nun? Gar nicht schlecht, für eine Mail mit einem Produkt zu einem kleinen Preis. Und dieser Wert lässt sich noch toppen. Mein bester Wert war dieser hier:
Das war allerdings ein anderes Produkt.
Hier hatte ich ein kostenloses Girokonto empfohlen, für das derjenige, der es eröffnet hat, noch zusätzlich 100 Euro Prämie bekommen hat.

Erinnerst Du dich noch an unsere Überlegungen, welche Angebote besonders gut funktionieren?

Klar, es ist kostenlos, und man kann relativ einfach 100 Euro abgreifen. Logisch, dass so etwas gut funktioniert.

In diesem Fall war das eine Aktion des Partnerprogramms financeads, die einige interessante Angebote für Affiliates bereithalten. Man bekam pro Abschluss 50 Euro Provision, das ist außergewöhnlich viel, daher der o.g. Wert. Ähnlich gut funktionieren übrigens auch kostenlose Kreditkarten, bei denen man am Anfang eine Willkommens-Prämie bekommt, meist zwischen 50 und 100 Euro. Sowas läuft immer, alleine dieser Tipp ist richtig wertvoll.

Nochmal zurück, zu dem obigen Beispiel. Als Affiliate ist es gut, über den einmaligen Verkauf hinaus zu denken, und jetzt sind wir beim sog. Upsell Verkauf. Was ist damit gemeint? Nun, gut aufgestellte Vendoren, bieten dem Käufer nach seinem Kauf weitere Produkte an, und hier zeigt sich jetzt sehr deutlich der Vorteil einer Plattform wie Digistore24. Werden nämlich weitere Produkte verkauft – das sind dann meist hochpreisigere Produkte – erhältst Du auch eine Provision, schließlich hast Du den Kunden „rangeschafft".

Das ist nicht bei jedem Affiliate Netzwerk selbstverständlich, auch wenn es die meisten behaupten. Und durch solche Upsells kannst Du sehr ordentlich dazu verdienen, ohne dass Du nur noch einen Finger krümmen musst, ab dem ersten Verkauf übernimmt der Vendor die ganze Arbeit. Auch dieses Kriterium solltest Du bei der Wahl der richtigen Vendoren im Auge behalten, und GermanHero beherrscht diese Disziplin exzellent, deshalb ist das derzeit mein Vendor Nummer 1.

Woher weißt Du, wie es mit Upsells aussieht?

Hier nochmal die Grafik von vorhin:

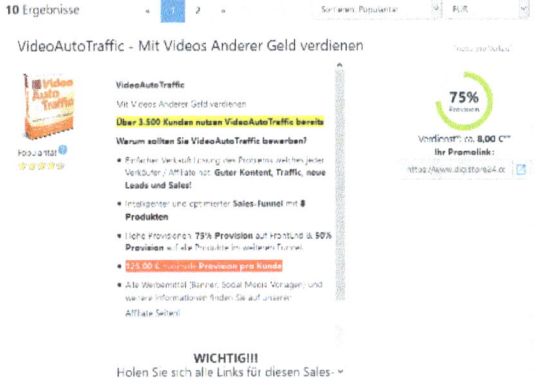

Hier siehst Du in den Produktinfos folgende Angaben:

„Intelligenter Sales Funnel mit 8 Produkten. 125 Euro max. Provision pro Kunde". Wow, das klingt doch sehr erfolgversprechend. Na ja, nicht zu euphorisch werden, das sind lediglich die Möglichkeiten, längst nicht jeder Kunde kauft ein Upsell.

Aber immerhin einige tun es eben doch, auch das kann ich Dir aus eigener Erfahrung sagen, und es macht unglaublichen Spass, wenn Die auf einmal in deinem Account siehst, dass Du eine Provision einfach so, scheinbar aus dem nichts generiert hast. Das war dann ein Upsell, und die Provisionen dafür sind immerhin so, dass Du davon schön in den Biergarten gehen kannst.

Gut, ich denke das Prinzip und die Vorgehensweise bei der Auswahl eines passenden Produktes ist klargeworden, alles andere ist ausprobieren, testen und verfeinern.

Damit sind wir nun an dem spannenden Punkt angekommen, dass wir unsere erste Mail verschicken können. Was gibt es zu diesem Thema zu sagen? Schau Dir das nächste Kapitel an.

Empfohlene Produkte zum Thema Produktauswahl:

Best of Traffic – hier ist der Name Programm. Bei diesem Kurs berichten die erfolgreichsten Online Marketer über ihre besten Traffic Strategien. Das Wissen der besten  Experten, komprimiert in einem Kurs.

Das Beste ist der Preis, das wirst Du nie glauben. Schau hier:

http://bit.ly/2O90ZRn

Kapitel 9

Erstes Mailing

OK, wir sind schon sehr weit gekommen, eigentlich sind wir schon kurz vor dem Ziel. Ich fasse hier nochmal die einzelnen Schritte zusammen, damit Du siehst, wo wir stehen.

1.) Affiliate Plattform aussuchen (empfohlen Digistore24) und kostenlos anmelden
2.) Viral Mailer aussuchen und kostenlos anmelden (Viral-URL und Viral-Mails)
3.) Produkt aussuchen
4.) Affiliate Link generieren
5.) Mail schreiben und versenden
6.) Zurücklehnen, lächeln und Einnahmen beobachten

Gar nicht so schwer, oder?
Also gehen wir es an, beginnen wir mit dem E-Mail schreiben.

Hierzu gibt es zwei grundsätzliche Vorgehensweisen und ein paar Anmerkungen von mir dazu. Du kannst zwischen zwei Wegen wählen. Entweder Du nimmst vorgefertigte Mails vom Vendor, sofern er welche anbietet, oder Du schreibst sie selbst.

Ich empfehle Dir in den ersten zwei oder drei Monaten mit den vorgefertigten Mails zu beginnen, das geht schneller und die Anbieter wissen meist, wie man Mails schreibt, die zum Klicken verleiten.

Dann würde ich Dir aber unbedingt empfehlen, so bald wie möglich umzusteigen, und eigene Mails zu schreiben. Ja, das ist etwas aufwändiger, aber damit unterscheidest Du dich von anderen sehr deutlich, die angeschriebenen Empfänger sind nicht genervt davon, dass sie die Mail jetzt bereits zum dritten Mal bekommen, weil vielleicht kurze Zeit vor Dir schon jemand anderes die gleiche Mail versendet hat.

Hier würde es sich anbieten, ein wenig Zeit in die Recherche zu stecken und zumindest ein kleines bisschen zu lernen, wie man knackige Headlines und einen „verführerischen" Text schreibt. Das ist gar nicht so schwer wie man denkt, man muss sich nur strikt an dem jeweiligen Ziel orientieren.

Was soll die Headline erreichen? Das ist das, was der Empfänger als „Betreff" sieht. Was soll der Betreff bewirken? Nur eine Sache, nämlich, dass die Mail nicht gelöscht, sondern näher  angeschaut, im besten Fall sogar gelesen wird. NUR das. Die meisten machen es sich viel zu kompliziert, und schreiben entweder viel zu viel, oder kompletten Unsinn. Manche versuchen sogar Angst zu erzeugen, damit der Empfänger den Inhalt liest. All das funktioniert nicht.
Die Headline MUSS einen Bezug zum Inhalt haben, alles andere empfindet der Empfänger als Täuschung und löscht die Mail. Vielleicht kennst Du solche

Mails. Da steht vielleicht „Abmahnung" oder „Unser Gespräch" oder „Sie haben gewonnen" oder etwas Anderes in der Art. Die Intension ist zwar richtig, der Betreff macht neugierig, manchmal sogar Angst, und verleitet zum Lesen der Mail. Wenn der Empfänger merkt, dass er verar… wurde, wird er sofort aufhören und die Mail löschen.

Also, die Headline muss einfach sein, wenige Worte verwenden, neugierig machen und in Bezug zum Inhalt stehen. Erinnern wir uns nochmal an das Produkt, das wir bereits ein paar Mal als Beispiel verwendet haben, die sog. Smartphone Cash Formel. Wie könnte ein Betreff lauten, der aufhorchen lässt und zum Lesen verleitet und dabei den Bezug zum Inhalt hat? Vielleicht machst Du hier einen kurzen Schnitt und überlegst mal selbst, und schreibst Dir auf, was Dir dazu auffällt. Hier meine Vorschläge dazu:

300 Euro JEDEN Tag, nur mit deinem Smartphone

Wer ein Smartphone hat, verdient damit Geld

9.000 Euro wenn Du ein Smartphone hast

Alle drei sind getestet und funktionieren ganz gut. Du kannst sie gerne selbst ausprobieren. Vielleicht ist Dir etwas Besseres eingefallen. Dann teste es doch bei Deiner nächsten Mail, wer weiß, vielleicht bis Du positiv überrascht.

Gut, also ich denke das Prinzip ist klargeworden. Jetzt geht es an den Inhalt. Auch hier ein wichtiger Tipp. Rufe Dir in den Sinn, was das Ziel des Inhaltes ist. Es geht nicht um eine umfassende Erklärung des Produktes. Es geht nicht um eine Vorstellung des

Anbieters. Es geht nur um eine einzige Sache: Der Leser soll auf den in der Mail angegebenen Link klicken, das ist Dein einziges Ziel. DEIN Affiliate Link soll geklickt werden.

Das bedeutet also zwei Dinge

1.) Mache es Deinen Lesern einfach, zu klicken
2.) Mache es Deinen Lesern schwer, nicht zu klicken

Es gibt zu diesem Thema ja jede Menge Bücher und Kurse zum Thema Werbetexten, und mache davon sind tatsächlich sinnvoll. Die Fähigkeit, Mails oder Texte zu schreiben, die verkaufen ist im Onlinemarketing von großem Wert. Für unser Projekt, für die Mails, um die es hier geht, reichen Dir aber die beiden o.g. Kriterien vollkommen. Wenn Du die Mail geschrieben hast, lies sie selbst durch. Werden die beiden obigen Punkte erreicht? Lass die Mail von anderen Leuten lesen, was denken sie?

Kapitel 10

Ausbauen, Verbessern, Skalieren

Hier ist es angebracht, sich kurz zurückzulehnen und etwas nachzudenken. Worüber? Darüber, welches Ziel man erreichen möchte in 1 Jahr, in 2 Jahren, in 5 Jahren. Warum ist das wichtig? Weil es den Blick verändert. Ich möchte Dir eine kurze Geschichte erzählen, die ich vor einiger Zeit irgendwo gehört habe. Da wurde ein Milliardär interviewt, der mit Onlinemarketing reich geworden war.

Er wurde gefragt, was denn sein Ziel wäre, wie viel Umsatz er nächstes Jahr machen möchte und welche sonstigen Ziele er verfolgt. Und er hat eine – für mich – überraschende Antwort gegeben: Sein Ziel sei es, pro Tag eine Million für Ads Werbung auszugeben.

Darüber muss man mal kurz nachdenken um zu verstehen, welche Idee dahintersteckt. Hier geht es darum, unfassbare Summen für Werbung auszugeben, warum? Weil der angesprochene Milliardär genau weiß, dass er pro investiertem Euro eine bestimmte Größe zurückbekommt, in dem beschriebenen Fall ist die Zielgröße genau 2 Euro. Also pro investiertem Euro sollen zwei Euro unterm Strich erwirtschaftet werden (natürlich nach Abzug aller sonstigen Kosten).

So, jetzt denken wir nochmal kurz über die anvisierte Größe nach. Eine Million Euro pro Tag für Ads Werbung bedeutet also auch in diesem Fall 1 Million Gewinn pro Tag. AHA, das ist also das Prinzip, und jetzt verstehst Du, was skalieren bedeutet. Also wir arbeiten an einem funktionierenden System, indem wir relativ klein beginnen, und wenn wir Details geklärt haben, das Projekt durch Tests optimiert haben, dann „ziehen wir es hoch", sprich wir vergrößern allmählich die Reichweite.

Das klingt toll, ist es auch, ist aber alles andere als einfach. Hier stecken viele Tücken im Detail, und ehrlich gesagt ist es beinahe eine Wissenschaft für sich. Warum schreibe ich dann darüber? Weil ich Dir eine Perspektive anbieten möchte, sofern Du das möchtest, und hier beginne ich dann mit Absicht mit dem ganz großen Bild. Das habe ich Dir gezeigt, und ich hoffe, Du bist so erstaunt, wie ich es war, als ich das gehört habe.

Erst wenn man in Ruhe mal darüber nachdenkt, was das bedeutet, begreift man, welche Möglichkeiten generell im Online Marketing stecken. Man begreift auch, dass auch heute noch, beinahe alles möglich ist, wenn man sich richtig dahinterklemmt. Und das erzeugt Motivation. Und Motivation ist genau das, was Du dringend benötigst. Gleichzeitig hilft dieses Beispiel auch, darüber nachzudenken, was ich will.

Will ich einfach ein paar hundert Euro nebenbei verdienen und dann bin ich zufrieden (das ist übrigens absolut in Ordnung), oder soll das nur der Anfang sein, und wenn ich das geschafft habe, werde ich mein Business weiter aus- und aufbauen? Es ist gut, sich von Anfang an, darüber Gedanken zu machen, weil man dann mit einer völlig anderen Ernsthaftigkeit an die Sache geht.

OK, gehen wir ein wenig rückwärts, das Kapitel lautet ja Ausbauen, Verbessern, Skalieren und ich war jetzt schon weit nach dem dritten Schritt gelandet. Gehen wir zurück zum Thema Ausbauen. Wenn Du es geschafft hast, ein paar hundert Euro nebenbei zu verdienen, wie geht dann der Ausbau?

Hier gibt es zwei Möglichkeiten, den Ausbau zu schaffen, eine schnelle und eine nachhaltige. Das Problem am Ausbau dieses Systems ist, dass es sich leider nicht so ohne weiteres skalieren lässt. Also beginnen wir mit der einen, schnellen Möglichkeit. Und die schnelle Antwort lautet: Reichweite vergrößern.

Das heißt, das grundsätzliche System bleibt erhalten:
Du suchst Dir ein passendes Produkt, schreibst ein ansprechendes Mail (oder eine der Plattform angepasste Marketingform) und verschickst diese an die möglichen Empfänger. Hier gibt es also zwei Wege. Der erste und naheliegende ist, die Zahl der Empfänger zu erhöhen. Also statt 9.000 Empfänger zum Beispiel 24.000 Empfänger. Wie komme ich zu der Zahl? Das ist eine Schätzung, wenn Du anstelle der von mir empfohlenen 4 Viral Mailern 15-17 davon nutzt. Ja, so viele gibt es tatsächlich.

Ich will jetzt nicht alle davon aufzählen, ein paar sollten reichen, ich denke Du bist in der Lage, eine aktuelle Liste von Viral Mailern selbst zu googlen. Also hier ein paar weitere Mailer:

MaxiMails
Profimails
Trafficwave
Viralmonster
Zunamimailer
Werbemails24
Socialmediatraffic
Trafficsturm
Trafficerzeugen

usw. Gut, ich denke das sollte reichen. Wenn Du all diese Mailer nutzt, wirst Du deine Reichweite erheblich vergrößern können, und so deutlich mehr Ergebnis erzielen können. Natürlich bedeutet das auch erheblich mehr Aufwand. Du musst selbst entscheiden, was bei Dir knapper ist, Zeit oder Geld.

OK, der nächste Schritt immer noch bei der ersten Möglichkeit die Reichweite zu erhöhen, wäre andere Portale und andere Marketingmöglichkeiten zu nutzen, also Facebook, YouTube, Instagram etc. Das sind alles sehr sinnvolle Möglichkeiten und nicht allzu komplizierte Möglichkeiten, noch mehr Verkäufe zu erzielen. Allerdings ist der zusätzliche Aufwand nicht zu unterschätzen, weil Facebook Marketing oder Instagram Marketing natürlich komplett neue Regeln und Rahmenbedingungen bedeuten.

Du benötigst dann auch andere Werbemittel, möglicherweise auch eine andere Form, die Zielgruppe anzusprechen und wahrscheinlich wird es über kurz oder lang auch mit Kosten für die  Werbung verbunden sein, hier reden wir dann also schon über PPC Marketing.

An dieser Stelle sind wir dann definitiv raus, aus dem Thema einfach und schnell. Dennoch ist eine realistische Möglichkeit, deshalb habe ich es hier mit aufgeführt.

Ich habe von zwei Möglichkeiten des Aufbaus gesprochen, was ist die zweite? Bevor ich dazu komme, will ich noch kurz auf den zweiten Begriff in diesem Kapitel eingehen, das war ja das „Verbessern". Was bedeutet das?

Nun, weiter oben haben wir ja schon über bestimmte Begriffe gesprochen wie Klickzahlen, Öffnungsrate, Conversion Rate etc. Das alles sind Daten, die zu erheben kannst zu einem ganz bestimmten Zweck. Zum einen zur Kontrolle, aber vor allem zur Verbesserung. Um den Erfolg einer Kampagne zu verbessern benötigst Du Vergleichswerte und das sind genau Deine Vergleichszahlen.

 Wie kannst Du diese Werte verbessern? Ausprobieren, oder im Marketingjargon heißt das Testen, und zwar immer wieder. Das kann ein sehr kleinteiliger, mühsamer, langwieriger Prozess

werden, es gibt aber leider keine Abkürzung. Über das Testen gibt es ebenfalls ganze Büchersammlungen, daher hier nur ein kleines Beispiel, damit Du das Prinzip verstehst, und auf dieser Grundlage eigene Tests erarbeiten und durchführen kannst.

Hier darf ich noch einmal an das Kapitel erinnern, in dem wir unter anderem über die Headline – den Betreff gesprochen haben. Kannst Du sich noch erinnern, welche Frage hier essentiell ist? Es ist die Frage nach dem Ziel. Was soll mit der Headline erreicht werden? Dass der Empfänger die Mail öffnet und liest.

Diese Information benötigst Du, damit Du weißt was Du testet und wann Du eine Verbesserung erreicht hast. Ein Beispiel, wir bleiben bei der bereits bekannten Smartphone Cash Formel. Ich habe Dir ja oben bereits einige mögliche Betreffs genannt. Im ersten Schritt müsstest Du also einfach zwei Überschriften „gegeneinander" testen.

Eine der Überschriften, die ich benutzt habe lautete:

300 Euro JEDEN Tag – nur mit Deinem Smartphone

Hier die Tracking Details dazu:

Nachricht Tracking Details

Thema:	300 Euro -JEDEN Tag - nur mit Deinem Smartphone		
Sendezeit:	01.10.2020 06:17:04		
Versandt an:	2.326	Conversion-Rate:	
Anzahl Nachrichten geöffnet:	152	6.535% Versandt/Geöffnet	Conversion-Rate:
Anzahl einzigartiger Klicks:	14	0.602% Versandt/Klicks	9.211% Geöffnet/Klicks

Eine weitere Überschrift lautete:

9.000 Euro, nur mit deinem Smartphone

Hier auch dazu die Tracking Details:

	Nachricht Tracking Details		
Thema:	9.000 Euro -nur mit deinem Smartphone!		
Sendezeit:	26.08.2020 06:53:12		
Versandt an:	2.307	Conversion-Rate:	
Anzahl Nachrichten geöffnet:	88	3.814% Versandt/Geöffnet	Conversion-Rate:
Anzahl einzigartiger Klicks:	19	0.824% Versandt/Klicks	21.591% Geöffnet/Klicks

Natürlich spielen auch andere Kriterien eine Rolle, die wir jetzt nicht berücksichtigt haben, also zum Beispiel die Tageszeit, zu der Deine Mail verschickt wird, der Wochentag und einiges mehr. Daran siehst Du, wie komplex dieses Thema ist. Dass es sich dennoch lohnt, will ich Dir ebenfalls an einem Beispiel vorrechnen.

Zunächst einmal zum „Testergebnis"
Die Idee war ja, die Headline zu testen. OK, die erste Headline
300 Euro JEDEN Tag – nur mit Deinem Smartphone

wurde von 152 Empfängern geöffnet.
Insgesamt wurde die Mail an 2.326 Empfänger versandt (das war nur einer der Mailer)
Das ergibt eine Öffnungsrate von ungefähr 6,5 Prozent

Die zweite Headline
9.000 Euro – nur mit deinem Smartphone

Wurde dagegen nur von 88 Empfängern geöffnet, obwohl diese Mail sogar an etwas mehr Empfänger ging, es waren 2.307, und daraus ergibt sich eine Öffnungsrate von etwa 3,8 Prozent.

Das ist einerseits ein eindeutiges Ergebnis, andererseits aber auch eine Überraschung. Man hätte denken können, dass der höhere Betrag in der zweiten Headline (9,000) viel mehr Aufmerksamkeit erzeugt und dadurch auch mehr Öffnungen. Das Gegenteil ist der Fall. Der Sieger scheint also klar zu sein, allerdings schauen wir nochmal auf die anderen Werte.

Schaut man sich die Anzahl der Klicks an, erlebt man eine Überraschung. Die zweite Mail mit der wirklich schlechten Öffnungsrate erzeugt 19 Klicks, das ist eine Rate von 21,5 Prozent. Die erste Mail, die von beinahe doppelt so vielen Empfängern geöffnet wurde, erzeugt gerade mal 14 Klicks und hat entsprechend eine Öffnungsrate von 9,5 Prozent, weniger als die Hälfte der anderen Mail.

Das ist wirklich verblüffend. Was sehen wir denn da? Und welche Schlussfolgerungen müssen wir daraus ziehen?

Zunächst einmal bleibt festzuhalten, dass eine Headline dazu führt, dass deutlich mehr Empfänger die Mail öffnen und lesen. Doch dann dreht sich die Sache. Woran kann das liegen? Die einfachste Erklärung wäre, dass der Inhalt der zweiten Mail einfach besser funktioniert. Um dies zu verifizieren, müsste man also Headline 2 mit Inhalt 1 versenden.

Eine andere Erklärung wäre, dass der Inhalt der zweiten Mail besser zur Headline passt, dass sozusagen die Erwartung, die durch die Headline ausgelöst wird, im Text nicht enttäuscht wird und die Leser dem Inhalt mehr vertrauen und deshalb klicken. Eine weitere Erklärung könnte sein, dass die Headline unterschiedliche Zielgruppen und Persönlichkeiten ansprechen, und dass die Empfänger, die sich von der zweiten Headline angesprochen fühlen, einfach mehr an neuen Angeboten interessiert sind.

Wenn man weiter darüber nachdenkt, gibt es noch eine Reihe weiterer Erklärungen. Du siehst, Testen ist ein elementarer Bestandteil, sofern Du professioneller an deine Kampagnen rangehen möchtest, und Dein Business auf- und ausbauen möchtest. Für meine Anleitung, und für das Ziel, das wir hier mit diesem Ratgeber verfolgen, ist es nicht zwingend nötig. Es kann aber durchaus helfen, Deinen Erfolg, bei gleicher Anzahl von Empfängern um 20-35 Prozent zu erhöhen.

Ich persönlich liebe es einfach, aber ich habe mir vor einiger Zeit eine Anleitung gekauft, die nicht sehr teuer war, weil ich mich wirklich geärgert habe. Ich nenne Dir mal zwei Kennzahlen. Meine Klicks, von Mails, die ich über Viral Mailer versende, erzielen im Schnitt 12-14 Cent, mit der optimierten Methode, nachdem Du das System angewendet hast, werden [Einnahmen pro Klick von bis zu 55 Cent](#) erzielt. Das musst Du dir ml überlegen, das ist fast das 4-fache meines Ertrages. Hier siehst Du wirklich das gesamte Potential einer gelungenen Optimierung.

Also einige Möglichkeiten zum Auf- und Ausbau haben wir besprochen, bleibt noch kurz das Thema Skalierung zu erwähnen. Was bedeutet Skalieren? Nun, das kommt darauf an, auf welchen Bereich und welches Thema sich die Frage bezieht, denn diesen Ausdruck findest Du in mehreren Zusammenhängen. In unserem Fall bedeutet das, mit einem bestimmten System klein anzufangen, zu testen und zu optimieren, bis man zufrieden ist, und dann die Kampagne zu vergrößern, indem zum Beispiel das Budget erhöht, die Anzahl der Empfänger erhöht, die Reichweite erhöht, oder weitere Marketing Maßnahmen ergreift.

Und spätestens jetzt bewegen wir uns mit Riesen Schritten auf den professionellen Bereich zu, deshalb will ich hier an dieser Stelle auch gar nicht viel mehr dazu schreiben. Hier schließt sich der Kreis, zu der Geschichte, die ich Dir am Anfang des Kapitels erzählt habe. Erinnerst Du dich noch an den Milliardär? Was war sein Ziel? Eine Million pro Tag in Werbung zu investieren. Warum dieser scheinbar irrsinnige Plan? Weil er so zwei Millionen pro Tag erwirtschaftet.

Das ist die richtige Einstellung, allerdings benötigst Du dafür eine Menge Erfahrung, viel Wissen, gute Ratgeber, und auch ein bisschen Glück. Das wünsche ich Dir. Aber halt, ganz fertig sind wir noch nicht, im nächsten Kapitel will ich Dir noch ein paar zusätzliche Marketing Möglichkeiten vorstellen, die Dir helfen können, Dein Geschäft zu vergrößern und zu erweitern.

Empfohlene Produkte:

Digistore24 Sales Kurs

[Erfolgreich über Clickbank verkaufen](#)

[Affiliate Masterclass Webinar](#)

Kapitel 11

Zusätzliche Marketing Möglichkeiten

⇒ Newsletterliste aufbauen
⇒ Google Ads
⇒ YouTube Marketing
⇒ Online Marketing
⇒ Suchmaschinenoptimierung
⇒ Facebook, Instagram & Co
⇒ Webinare

Kurze Anmerkung vorab: In diesem Kapitel findest Du die meisten „empfohlenen Produkte" ganz einfach, weil die Themen hier die mit Abstand größte Bedeutung haben, wenn es darum geht, Dein Geschäft auszubauen. Gleichzeitig sind das alles sehr komplexe Themen, zu denen man sich externes Wissen einkaufen sollte, das spart enorm Zeit und vor allem viel Lehrgeld. Glaub mir, ich weiß (leider) wovon ich rede.

Wichtig! Um das Ziel dieses E-Books zu erreichen, also ein paar Hundert Euro im Monat zu verdienen, benötigst Du weder die Informationen in diesem Kapitel noch die zusätzlich empfohlenen Produkte. Dazu reichen die bisherigen Infos völlig aus. Hier geht es um einen Ausblick, wie deine Zukunft aussehen könnte, manche nennen es auch Vision.

Newsletterliste

Das ist im Grunde die Königsdisziplin, deshalb fange ich damit mal an. Diese Marketing Möglichkeit hat mindestens einen entscheidenden Vorteil, gegenüber allen anderen, hier angeführten Maßnahmen: Eine eigene Liste aufbauen.

Das hörst Du überall im Internet: „Du brauchst eine eigene Liste". Was ist damit gemeint? Das grundlegende Prinzip ist recht einfach, der Unterschied allerdings gewaltig. Damit Du Personen anschreiben darfst, benötigst Du deren Einwilligung. Hierin liegt in gewisser Weise der Unterschied, zwischen einer E-Mail Liste, die Du selbst betreibst, und den Empfängern der Liste eines Viral-Mailern.

Hier benötigst Du keine Einwilligung, einfach deshalb, weil der Viral-Mailer diese Arbeit bereits für Dich übernommen hat. Wenn Du eine eigene Liste aufbauen möchtest, musst Du diese Arbeit selbst machen. Aber das kann sehr lohnenswert sein.

Der Spruch ist zwar alt, aber nach wie vor gültig: „In der Liste liegt das Geld." Jeder, der keine E-Mail Liste hat, wird sich schwertun, mit dem Geld verdienen. In diesem Fall ist damit gemeint, mehr als nur ein paar hundert Euro im Monat zu verdienen, hier sprechen wir von einem Business, also mehrere Tausend Euro im Monat. Und dazu benötigst Du am besten eine eigene Liste, also eine Anzahl an Menschen, denen Du E-Mails schicken darfst, und die im besten Fall auch Interesse an Deinen Inhalten haben.

Die meisten Untersuchungen kommen zu dem Ergebnis, dass eine E-Mail-Adresse, an die man seine Werbung schicken darf, einen Wert hat, von 1 Euro - pro Monat. Das heißt, eine einzige E-Mail-Adresse hat einen Wert von 12 Euro im ersten Jahr und in jedem weiteren Jahr. Eine Liste von 1.000 E-Mail Empfängern hat also einen Wert von 12.000 Euro, für Dich als Inhaber. An dieser Beispielrechnung kann man sehr gut erkennen, warum eine eigene Liste den Unterschied macht.

Du musst Dir nicht immer wieder ganz neue Interessenten oder Kunden suchen,  denn Du hast bereits einen Pool von Leuten, die Dich zumindest teilweise schon „kennen". Das erzeugt Vertrauen und das ist eine der Voraussetzungen dafür, zu kaufen. Also, der Nutzen ist klar, jetzt die schlechte Nachricht: Meist dauert es einigermaßen lange, eine gute Liste aufzubauen, es ist teuer, denn Du musst ja erstmal diese Leute finden und sie überzeugen, und es ist technisch einigermaßen aufwändig.

Trotzdem gibt es auf Sicht gesehen keine bessere Marketing Möglichkeit, deshalb würde ich Dir in jedem Fall dazu raten, so schnell wie möglich damit zu beginnen, eine eigene Liste aufzubauen. Gleichzeitig empfehle ich Dir aber auch, dies nicht alleine zu tun. In diesem Fall hat das eine doppelte Bedeutung.

Nicht alleine meine ich, nimm Dir Hilfe, dieses Thema ist so komplex, dass Du alleine wahrscheinlich scheitern wirst. Das trifft übrigens für die meisten, der hier angeführten Marketing Möglichkeiten zu, deshalb habe ich am Ende dieses Kapitels einen eigenen, größeren Abschnitt mit empfohlenen Produkten hinzugefügt.

Mit „nicht alleine" meine ich aber vor allem, Du solltest unbedingt andere Marketing und Einnahmen Möglichkeiten nutzen, bis Deine Liste soweit ist, dass Du davon leben kannst. Und damit kommen wir dann zu den bereits aufgeführten, weiteren Marketing Möglichkeiten. Diese haben im Wesentlichen eines gemeinsam. Du kaufst Klicks.

[Listenaufbau wie die Profis](#)

Google Ads

Beginnen wir mal mit der bekanntesten dieser Technik, der Oberbegriff heißt übrigens PPC Marketing, also pay per Klick. Du zahlst pro Klick, was ein großer Unterschied ist, zu anderen Werbeformen wie beispielsweise Bannerwerbung im Internet, hier zahlst Du meist für eine gewisse Anzahl von Einblendungen.

Google Ads gibt es schon sehr lange, der Dienst ist extrem erfolgreich. Das Programm heißt Google Adwords, heute vor allem als Google Ads bekannt und so auch online erreichbar: adwords.google.de Alleine damit nimmt Google viele, viele Milliarden pro Jahr ein, gleichzeitig gäbe es viele Unternehmen ohne Google Ads Werbung überhaupt nicht. Das Prinzip ist sehr einfach, allerdings ist der Weg zur erfolgreichen Werbung mit Google nicht ganz einfach. Wenn Du dein Geschäft aus- und aufbauen möchtest wirst Du aber über kurz oder lang nicht daran vorbeikommen.

Kurz zum Grundprinzip: Du erstellst eine Anzeige, alleine hier beginnt schon die Qual der Wahl, Du musst dich nämlich auf eine bestimmte Anzeigenform festlegen. Ich will und werde hier keine umfassende Abhandlung über dieses Thema schreiben, sprechen wir also der Einfachheit halber von den bekanntesten Anzeigen, das sind die klassischen Textanzeigen. Du erstellst Titel und Text deiner Anzeige, legst fest wo und wie es veröffentlicht werden soll, gibst die Keywords vor, unter der die Anzeige erscheinen soll und legst ein Budget fest.

Und schon können Deine Anzeigen erscheinen. In der Praxis ist der Weg viel länger die Fragen viel schwieriger und die Lösung sehr komplex. Nicht nur, weil es so unendlich viele Möglichkeiten gibt, sondern vor allem, weil Du mit Google Ads definitiv nicht ohne ständige Optimierungen erfolgreich sein wirst.

Gleichzeitig ist dies die Werbeform, mit der Du skalieren kannst ohne Ende, oder in Zahlen ausgedrückt, mit Google Das kannst Du aus einem Business mit ein  paar Tausend Euro Einnahmen im Monat ein Business mit sechsstelligen Einnahmen machen, monatlich. Es dürfte völlig klar sein, dass man hier die Unterstützung von Profis benötigt, hier kann man einfach zu viel und zu schnell Geld verbrennen.

Ein Tipp, wenn Sie Google Ads mal versuchen möchten: Es gibt immer wieder die Möglichkeit, bei neuen Google Konten mit Gutscheinen zu arbeiten. Einer der am weitesten verbreitet Gutschein ist der 75 / 25 Gutschein. Du zahlst 25

Euro selbst und bekommst von Google 75 Euro dazu. Sprich Du investierst 25 Euro und hast ein Werbeguthaben von 100 Euro. Das reicht schon für die ersten Testläufe und kann ein guter Gradmesser sein, ob es sich lohnt, an diesem Projekt dran zu bleiben.

Für Google Ads empfehle ich Dir definitiv eine Ausbildung, hier ein guter Kurs zu dem Thema:
[Google Ads Video Kurs](#)
YouTube Marketing

YouTube Marketing ist mein persönlicher Favorit. Das Thema ist ziemlich umfangreich, deshalb werde ich hier nur einen Aspekt beschreiben, mit dem ausdrücklichen Hinweis, dass es noch viele weitere Möglichkeiten im Bereich Videomarketing und YouTube Marketing gibt. In meinem Fall handelt es sich eigentlich um einen Ableger von Google Ads Marketing, der aber hochgradig effektiv ist. Man könnte sagen, die Reichweite und Professionalität von Google, gepaart mit den modernen Social Media Marketing Möglichkeiten zu sehr fairen Preisen.

Das große Potential von YouTube Marketing

Auf YouTube können Unternehmen sich selbst vorstellen, aber auch ein bestimmtes Produkt oder eine Dienstleistung präsentieren. Die Möglichkeit kann sinnvoll genutzt werden, um neue Kunden zu gewinnen. Bei YouTube ist mittlerweile nahezu jede Zielgruppe vertreten, auch wenn es sich anfangs größtenteils um junge Leute handelte.

Einer der größten Vorteile von YouTube ist, dass das Marketing wenig kostet. Unternehmen können ihre Spots selbst produzieren. Sie benötigen dazu keine hochwertige Technik, solange der Inhalt des Videos stimmt. Außerdem können die Zuschauer Videos einfach mit Freunde oder Familie teilen, wodurch neue Verbindungen entstehen.

Von Bedeutung ist auch die YouTube Optimierung im SEO-Bereich. Durch sinnvolle und klare Titel sowie Keywords in der Meta Description können YouTube-Videos auch bei Google angezeigt werden.

Zu dem schon wirklich großen Potential von YouTube selbst – immerhin die zweitgrößte Suchmaschine der Welt, gleich nach Google selbst – kannst Du dieses Potential noch vervielfachen, indem Du mit Google Ads, Videomarketing buchst. Dadurch werden dann Deine Videos von Google promotet, entweder auf YouTube selbst oder im Google Netzwerk.

Es gibt nur sehr wenige Möglichkeiten, wie Du in so kurzer Zeit, so viele Interessenten auf Dich aufmerksam machen kannst, zu Preisen, die deutlich geringer sind, als die Google Anzeigen in der Suchmaschine.

Dadurch eignet sich diese Art von Videomarketing auch extrem gut für neue Kampagnen, mit denen Du schnell viele Interessenten gewinnen möchtest oder schnell bekannt werden willst. Insbesondere für einen Funnel passt das hervorragend, also, wenn Du das Ziel hast, Leads zu gewinnen, zum Beispiel für Deine Newsletter Liste oder für Webinar Anmeldungen.

 Selbstverständlich kann ich Dich nicht weitergehen lassen, ohne meine persönlichen Empfehlungen zu diesem Thema, weil dieses Thema von so außergewöhnlicher Bedeutung ist, hier zwei Empfehlungen. Einmal ein Videomarketing Kurs, der Dir wirklich die Augen öffnet über das Potential und über etliche Insidertricks, hier:

Video Marketing Kurs

Und dann einen speziellen Kurs zum Thema Video Ads, als Deine Videos professionell zu vermarkten, dann bist Du hier richtig:

Video Ads Kurs

Facebook Ads

Das Prinzip ist ähnlich wie bei Google Ads und doch sind einige wichtige Details anders, in diesem Fall oftmals besser als bei Google. Zu den Unterschieden komme ich gleich, aber zuerst zum Hauptunterschied: das Publikum. Das Publikum und damit auch das Verhalten und die Erwartungen sind auf Facebook gänzlich anders als bei Google. Sehr erfolgreich sind auf Facebook Angebote für Verbraucher, wenn sie richtig verpackt sind. Hier kommt es auf die richtige Zielgruppenansprache an. B2B Angebote auf Facebook sind eher schwierig.

 Es gibt eine Reihe von Unterschieden zu Google Ads, auf die ich hier nicht im Detail eingehen möchte, doch eine Besonderheit soll hervorgehoben werden, das ist das Targeting oder anders ausgedrückt, die sehr genaue Eingrenzung der Zielgruppe. Das kann nach einer sehr großen Anzahl verschiedener Merkmale geschehen, so dass Du auf Facebook Deine Zielgruppe SEHR GENAU ansprechen kannst, das macht die Werbung hier so einzigartig. Andererseits kannst Du hier auch wahnsinnig schnell Geld verbrennen, wenn DU deine Hausaufgaben nicht gemacht hast.

Nur mal als Idee, was erreichbar ist. Ich habe vor einiger Zeit für einen Kunden eine Facebook Kampagne aufgesetzt, bestehend aus mehreren Videos, Grafiken und Beiträgen, das lief ca. 2,5 Monate lang und die Kampagne haben in dieser Zeit über 150.000 Menschen gesehen und ca. 2.200 direkte Klicks sind erfolgt.

Das sind schon unfassbare Zahlen, ich gebe zu, dass bei weitem nicht jeder Kampagne so erfolgreich ist. Das Beste an diesem Beispiel sind aber die Kosten, der Kunde hat in der gesamten Zeit deutlich weniger als 500 Euro an Facebook bezahlt, wir reden also von einem Klickpreis von 25 Cent, und das Branding und die Bekanntheit gab es quasi gratis dazu.

Weil es sich hier um ein Gebiet handelt, zu dem Experten Wissen nötig ist, habe ich mir dieses Detail Wissen angeschafft, mit dem folgenden Kurs. Mit diesem Link sparst Du 250 Euro (ich hoffe das gilt noch), hier zum Kurs:

Profi Facebook Ads

In letzter Zeit werden andere Portale ebenfalls als Werbekanäle wichtiger, Instagram ist dabei, Facebook abzulösen, neu hinzugekommen ist Tik Tok und sicherlich wird es weitere Bewegung auf dem Werbemarkt geben.

Suchmaschinen Optimierung

Das ist eigentlich mein Steckenpferd, ich habe mir über etliche Jahre ziemliches Wissen darüber angeeignet und könnte damit einen eigenen Kurs veranstalten. Kurz gesagt geht es darum, bei Google, Bing & Co gut gefunden zu werden, leider ist es das einzige kurze an diesem Thema.

SEO wie die Abkürzung heißt, ist ein sehr komplexes Thema, das noch dazu andauernden Änderungen unterworfen ist. Dennoch lohnt es sich, dieses Thema ernst zu nehmen. Hier geht es allerdings um Strategie und langfristige Planung. SEO ist definitiv keine Maßnahme, mit der Du kurzfristigen Erfolg haben wirst.

Allerdings ist kaum eine Traffic Quelle so gut, wie wenn Du von vielen guten Google Rankings beständigen Traffic erhältst. Allerdings sollte man sich gut überlegen, für welches Projekt man SEO einsetzt. Landingpages, Squeeze Pages etc. sind dafür eher weniger geeignet, Blogs und Projektseiten dagegen sehr wohl. Ich würde es immer kombinieren mit anderen Maßnahmen, so zapft man aus vielen verschiedenen Quellen Traffic an.

Das sind natürlich nicht alle Möglichkeiten, die Dir zur Verfügung stehen. Ich wiederhole mich an dieser Stelle, auch zu diesem Thema gibt es jede Menge Anleitungen, Bücher, Ratgeber und Kurse. Deshalb hier ein kurzer Werbeblock, weil das tatsächlich Themen sind, bei denen ich mir Expertise von Leuten einhole, die das Thema beherrschen. Du kennst vielleicht den Spruch eines Milliardärs (frei wiedergegeben): Die Hälfte meines Geldes, das ich für Werbung ausgegeben habe, hätte ich mir sparen können, ich weiß nur nicht welche Hälfte.

Beim Thema Onlinemarketing, YouTube Ads, Google Ads, Facebook Ads etc. kannst Du wahnsinnig schnell und unfassbar viel Geld verbrennen. Wenn Du eine erfolgreiche Kampagne mit PPC Marketing  (also bezahlten Anzeigen, für die Klicks wird bezahlt) erfolgreich durchführen möchtest, wirst Du mindestens höhere dreistellige, vielleicht sogar vierstellige Beträge investieren müssen, bevor Du sagen kannst, ob und wie gut es funktioniert. Da sind schnell ein paar hundert Euro vernichtet.

Hier lohnen sich tatsächlich gute Kurse, selbst wenn sie vielleicht hundert oder zweihundert Euro kosten sollten, das ist wirklich gut und sinnvoll investiertes Geld. Ich habe Dir für jeden der oben aufgeführten Themenbereiche jeweils eine oder zwei Empfehlung zusammengestellt. Das sind Kurse und Ratgeber, die ich gekauft habe, verwende, gut finde und von denen ich weiß, dass auch andere damit erfolgreicher geworden sind und ihr Business lukrativer gemacht haben. Zum Schluss der Booster!

Webinar Marketing

Zum Schluss dieser Aufzählung noch ein Geheimtipp. Gut richtig geheim ist es nicht mehr, aber viele denken daran erst sehr spät oder gar nicht, andere nutzen diese Möglichkeit nicht, weil für sie die Hürden zu groß sind. Worum geht es? Es geht um Webinare, so nennt man Online Seminare, bei denen meist nur einer spricht. Es gibt also in der Regel keinen Austausch mit den Teilnehmern – außer manchmal über den Chat.

Wie genau funktionieren Webinare?

Du stellst ein Programm zusammen, das zu einem Großteil aus nützlichen und hilfreichen Informationen besteht, also echten Mehrwert. Wenn Du in dem Thema zu Hause bist, sollte Dir das nicht schwerfallen. Gut, wenn die Teilnehmer von Deiner Kompetenz und Deiner Analyse überzeugt sind, stellst Du Deine Lösung vor, das kann ein Online Kurs sein, ein Seminar, ein Coaching oder ähnliches.

Warum sind Webinare so wirkungsvoll?

Weil die Teilnehmer Dich im Laufe des Webinars kennenlernen, sprich sie werden mit Dir immer mehr vertraut. Wenn Du am Ende also Dein Angebot machst, kaufen die Teilnehmer quasi von jemandem dem sie vertrauen. Das ist ein fundamentaler Unterschied zu Deiner Webseite. Die Zahlen belegen dies sehr deutlich.

Wenn Du auf Deiner Webseite etwas verkaufst, und dazu sog. kalten Traffic nutzt, also Leute, die Dich noch nicht kennen, dann liegt die Conversion, je nach Zielgruppe, Angebot und Targeting bei 0,5 bis 2 Prozent, also max. 2 Personen von 100 Besuchern kaufen, und das ist schon richtig gut.

Wie ist die Conversion bei Webinaren?

Das ist wirklich der Knaller. Wenn Du diese Zahl hörst, solltest Du elektrisiert aufspringen und sofort damit beginnen, zu recherchieren, wie Du das umsetzen kannst. Machen wir mal ein kleines Rechenbeispiel. Mal angenommen, Du hast 500 Webinar Teilnehmer (wir reden gleich darüber, wie man zu den Webinar Teilnehmern kommt). Also 500 Teilnehmer und wir gehen mal davon aus, dass Du einen Online Kurs oder ein Online Seminar verkaufst. Für dieses Beispiel nehmen wir mal ein Angebot das eher im Niedrigpreis Sektor angesiedelt ist.

Dein Seminar kostet 129 Euro. Mal kurz nebenbei, wenn Du jetzt kurz zusammengezuckt bist, weil ich ein Angebot im niedrigen dreistelligen Bereich als Niedrigpreis Angebot bezeichne, dann liegt das daran, dass Du dir wahrscheinlich nicht vorstellen kannst, dass Du auf diese Weise auch Coachings im mittleren 4-stelligen Bereich verkaufst. Aber zurück zu unserem Rechenbeispiel.
Wir sagten, Conversions bis zu 30 Prozent werden erzielt, aber wir wollen es mal nicht übertreiben und gehen mal von

nur 10 Prozent aus, das wird in den allermeisten Webinaren auch realistisch erreicht.

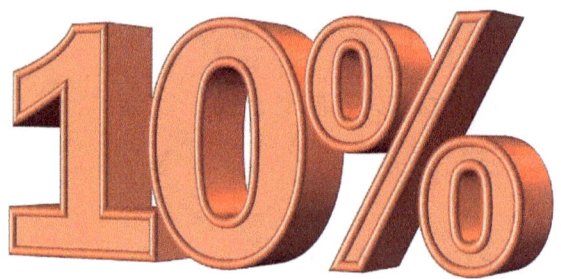

Gut, also 10 Prozent von 500 sind 50, 50 x 129 sind 6.450 Euro. WOW, mit einem einzigen Webinar, das ist wirklich die mit weitem Abstand erfolgreichste Methode die es gibt. Jetzt kommt das große ABER. Wie bekomme ich so viele Teilnehmer? Wie führe ich solche Webinare durch? Wie ist es mit der Technik? Lauter Fragen, aber keine Probleme.

Wo die Teilnehmer herkommen ist sehr einfach: Du nutzt genau die gleichen Methoden, wie die bereits vorhin besprochenen. Du bekommst den gleichen Traffic auch auf Deine Webinar Page, wo sich die Leute anmelden können. Tatsächlich funktionieren hier Viral-Mailer prächtig, weil es sich um ein sog. niederschwelliges Angebot handelt, sprich, die Schwelle, sich zu einem kostenlosen Webinar anzumelden, das wertvolle Informationen verspricht, ist sehr niedrig, es fällt den Leuten leicht, sich dafür zu entscheiden.

Was ist mit den anderen Fragen? Der Technik? Der Durchführung? Hier möchte ich Dir einen sehr guten Tipp geben, eine Plattform, die Dir praktisch alles abnimmt. Hier bekommst Du sogar bereits getestete Landingpages für Deine Webinar Anmeldung und vieles mehr:

[Webinar-Plattform](#)

Für ein solches – kostenloses – Angebot sind die Viral Mailer sehr gut geeignet. Die zweite Methode, die ich Dir unbedingt empfehlen möchte, ist Affiliate Marketing, in diesem Fall aber die andere Seite, Du bist also nicht der Affiliate, sondern der sog. Vendor, sprich Du arbeitest mit Affiliates zusammen, die für Dich werben. Du bekommst mit kaum einer anderen Methode so schnell eine riesige Reichweite bei absolut kalkulierbarem Risiko. Das Schöne an dieser Methode ist, dass die Affiliates, die für Dein Webinar werben, erst bezahlt werden, wenn Verkäufe stattgefunden haben.

Zugegeben, dass was wir hier besprochen haben, sind keine Methoden für Anfänger, hier solltest Du bereits etwas Erfahrung haben. Ich wollte  Dir einen Ausblick geben, welche Möglichkeiten Du noch hast, Dein Geschäft auszubauen und zu skalieren. Es ist machbar und es ist die Mühe mehr als wert. Ich hoffe, Dich jetzt ordentlich motiviert zu haben.

Kapitel 12

Lifetime Provisionen – die Königsdisziplin

Wenn Du bis hierher gelangt bist, dann hoffe ich, Du hast bereits angefangen, die Dinge umzusetzen, die ich Dir empfohlen habe. Jetzt geht es in die Höhen des Internet Marketing sowie der Einkommensgenerierung im Internet. Manche sprechen vom heiligen Gral im Affiliate Marketing, andere von der Königsdisziplin, wie auch hier im Titel dieses Kapitel. Es geht um sog. Lifetime Provisionen, das sind wiederkehrende Provisionen, solange, wie der Geworbene auch Kunde bleibt.

Das ist natürlich eine feine Sache und damit lässt sich regelmäßiges Einkommen erst richtig planen und erzielen. Allerdings ist es auch die mit Abstand schwierigste Disziplin. Affiliate Marketing ist eine sehr feine Sache. Es ist definitiv für Anfängergeeignet, man braucht keine große Erfahrung, man braucht kein eigenes Produkt, und man hat eigentlich kein Risiko, nicht für das Produkt (Produkthaftung oder Gewährleistung) und auch nicht für die Webseite (das Risiko einer Abmahnung hat der Betreiber der Webseite. Und man kann schnell anfangen, wie ich in dieser Anleitung bereits dargelegt habe.

Es gibt allerdings einen Nachteil dabei, ein Geschäft im Sinne eines Unternehmens aufzubauen ist schwierig, eben gerade weil Du keine eigenen Kunden und kein eigenes Produkt hast. Es sieht also so aus, dass Du ein Produkt oder eine Dienstleistung bewirbst, jemand kauft, Du bekommst die Provision, aber danach ist der Vorgang beendet. Du weißt nicht, wer gekauft hat, und das ist Dir auch egal. Nach dem Kauf ist es ein Kunde, aber nicht dein Kunde.

Wenn der Kunde also das nächste Mal kauft, kauft er nicht bei Dir und deshalb bekommst Du auch keine Provision. Es gibt eine Ausnahme, die sehr wichtig ist, das sind sog. Upsells, also, wenn Du z.B. über Digistore24 ein Einsteigerprodukt für kleines Geld bewirbst gibt es Anbieter, die einen sog. Upsell Funnel aufgebaut haben, sprich der Kunde bekommt dann mehrere Angebote, die zum ersten Kauf passen. Und immer, wenn er ein weiteres Produkt kauft, bekommst Du eine weitere Provision, solange bis der Funnel zu Ende ist.

Das ist eine feine Sache und tatsächlich lohnt es sich ein wenig, bei der Wahl des Produktes und des Anbieters darauf zu achten, ob ein funktionierender Upsell Funnel dazugehört. Hier erlebt macht man schon immer wieder schöne Überraschungen und durchaus interessante Provisionen. Ist der Funnel zu Ende, sit allerdings auch die Provisionsmöglichkeit zu Ende. Nicht so bei den sog. Lifetime Provisionen.

Das sind Produkte oder Dienstleistungen, bei denen Du lebenslang Provision erhältst – sofern der Geworbene lebenslang Kunde bleibt. In der Realität also so lange, wie der Geworbene Kunde bleibt. Das ist insbesondere bei Abo Produkten, oder Mitgliedschaften, die mit einer regelmäßigen

Gebühr verbunden sind sehr lukrativ. Als Beispiel, Du hast eine Software vermittelt, die ständig gebraucht wird, und für die jährlich ein Beitrag fällig wird, dann erhältst Du jedes Mal Deine Provision.

Bleibt der Nutzer zum Beispiel 10 Jahre lang Kunde, bekommst Du 10 Jahre lang die Provision, und das ist wirklich das Beste was Dir passieren kann. Du vermittels jemand einmal und bekommst viele Jahre lang regelmäßig Deine Provision. Stell Dir mal vor, was damit möglich wird.

Es gibt professionelle Affiliates, die sich darauf spezialisiert haben, weil diese Form der Einnahmen nicht nur ein extrem gutes Verhältnis haben, zwischen Aufwand und Ertrag, sondern auch eine Planbarkeit ermöglichen. Hier ein Beispiel aus der Realität. Es gibt Anbieter sog. SEO Tools, das sind Tools, die jemand benötigt, der eine Webseite so optimieren möchte, dass er gute Rankings bei Google erzielt.

Hier handelt es sich um eine Arbeit, die ständig anfällt und nie aufhört, so lange jemand an dem Ziel festhält, mit seiner Webseite gut platziert zu sein. Bei größeren Webseiten und Shops lohnt sich diese Investition auch, da gute Rankings extrem wertvoll sein können. OK, einige dieser Tools kosten ab 100 Euro aufwärts, in manchen Fällen zum Beispiel 350 Euro im Monat für ein bestimmtes Paket.

Als Beispiel sei hier Sistrix genannt, ein sehr bekannter und häufig genutzter SEO Tool Anbieter. Sistrix bietet verschiedene Module an, jedes dieser Module kostet 100 Euro monatlich, wer also mehrere Module bucht, zahlt dann eben mehrere hundert Euro. Das mag jetzt viel klingen, es gibt allerdings jede Menge Unternehmen, für die sich das sehr lohnt. Hat man beispielsweise einen Onlineshop, mit dem 20.000 Euro Monatsumsatz macht (das ist dann noch kein sehr großer Shop), machen 10 Prozent Optimierung schon 2.000 Euro mehr Umsatz aus. Da sind 350 Euro sehr gut investiert.

Das ist keine Fantasie, ich kenne selbst Unternehmen, die solche Tools einsetzen. OK, jetzt nehmen wir an, Du hast das vermittelt, in diesem Bereich sind Provisionen zwischen 20 und 30 Prozent die Normalität, sagen wir also mal 25 Prozent. Das wären dann im vorliegenden Beispiel also 87,50 Euro – und zwar JEDEN Monat. Toll, oder.

Natürlich rechnest Du gleich weiter. Du brauchst nur 10 solche Vermittlungen und Du hast ein Einkommen von 875 Euro – JEDEN Monat. Das ist vielleicht fantastisch, oder? OK, der Wahrheit zuliebe muss man sagen, dass es ungleich schwerer ist, eine solche Vermittlung zu erzeugen, wie ein Kurs für 29 Euro zu verkaufen, das ist wohl auch klar.

Es gibt im Internet eine Reihe von weiterführenden Informationen speziell zu diesem Aspekt des Affiliate Marketings, deshalb belassen wir es an dieser Stelle dabei, ich wollte Dich nur „anspitzen", das solltest Du ins Auge fassen, sobald dein normales Geschäft läuft, also wenn Du zuverlässig die 500 Euro im Monat verdienst, dann bleib nicht stehen.

Dann beginne mit dem Aufbau Deines Unternehmens, deshalb die Kapitel, Aufbau, Ausbau, Skalierung, weitere Marketing Möglichkeiten und jetzt das Thema Lifetime Provisionen. Dann beginnst Du an deinem eigenen Unternehmen zu bauen.

Und damit baust Du an Deinem Leben und Deiner Freiheit.

Viel Erfolg dabei und vergiss nicht:
Der Weg ist das Ziel

P.S. Ich bin doch noch nicht ganz fertig, eines habe ich noch für Dich, aber es wird kurz, versprochen.

Schlusswort

Das Wichtigste zum Schluss

Die wichtigste Regel für Deinen Erfolg ist sehr kurz, aber das wirkungsvollste was es gibt. Diese Regel gilt an jeder Stelle Deines Aufbaus aber ganz besonders am Anfang. Die Regel heißt:

TUN   TUN   TUN

Die allermeisten scheitern im Internet, weil sie alles perfekt haben wollen, bevor sie loslegen. Erfolgreich sind aber nicht die perfekten, sondern diejenigen, die in die Umsetzung kommen.

Also fang an, JETZT
Nicht zögern, nicht verschieben
SOFORT LOSLEGEN

Auf geht's

www.ingramcontent.com/pod-product-compliance
Lightning Source LLC
Chambersburg PA
CBHW052333220526
45472CB00001B/396